"鹿鸣河畔的诗意教育"丛书

丛书主编 游 忠 孙长春

鹿鸣河畔的浸润语文

主编◎孙长春

苏州大学出版社
Soochow University Press

图书在版编目(CIP)数据

鹿鸣河畔的浸润语文 / 孙长春主编. —苏州：苏州大学出版社，2022.9
（鹿鸣河畔的诗意教育）
ISBN 978-7-5672-4047-6

Ⅰ. ①鹿… Ⅱ. ①孙… Ⅲ. ①中学语文课-教学研究-高中 Ⅳ. ①G633.302

中国版本图书馆 CIP 数据核字(2022)第 159041 号

Luming Hepan de Jinrun Yuwen
书　　名：鹿鸣河畔的浸润语文

主　　编：孙长春
责任编辑：杨　柳
装帧设计：刘　俊

出版发行：苏州大学出版社（Soochow University Press）
社　　址：苏州市十梓街 1 号　邮编：215006
网　　址：www. sudapress. com
邮　　箱：sdcbs@ suda. edu. cn
印　　装：苏州市深广印刷有限公司
邮购热线：0512-67480030　销售热线：0512-67481020
网店地址：https://szdxcbs. tmall. com/（天猫旗舰店）

开　　本：787 mm×1 092 mm　1/16　印张：9. 25　字数：142 千
版　　次：2022 年 9 月第 1 版
印　　次：2022 年 9 月第 1 次印刷
书　　号：ISBN 978-7-5672-4047-6
定　　价：29. 90 元

序

有意味的语文美学实践

曹　洋

语文是自我美学的温床。

且不说语文的物质性、工具性、观念性，也不说它的人文性、精神性，单它的自足性就是其该有的且最不应该被忘却的存在。今阅读姜堰二中孙长春校长主编的这本书，欣喜与敬意油然而生。这本书算不上“大书”，既不是放飞自我的诗文小说集，也不是教育教学论文集，而是他所带的 2022 届学生高中三年的语文教学实践活动实录。这些实录中，有些是语文却又不像语文，但一经思索竟是本真语文，是乐学语文，是美学语文。这些实录，我姑且称之为有意味的语文美学实践。

这些有意味的语文美学实践是语文课堂的外溢。现在语文的教与学已过于精致化、功利化，就像池塘里精养的鱼，看似肥壮，但有失鲜美。我们并非全盘否定这样的“圈养”课堂，但纵观中小学阶段语文学习，大多数学生连最简单的自我介绍都写不好。我们不是要叹息空耗的多年光阴，而是应该反思：作为语文教育工作者，如何还语文自足的美学？如何让学生安顿在语文之家？如何塑造学生的语文之美？孙校长笔下的语文实践就是对这些反思的回应。这些实践不是课堂的“逃逸”，而是有意味的“外溢”，让学生感知到语文存在的另一种形式——生动的具有生活滋味的实在。在此，学生的所见所闻所感都是此形式中的一部分，师生都是这个形式的参与者、构建者和想象的叙述者。这个形式是主动的、自由的、变幻的，它远离了课堂的禁锢，远离了程式，远离了课本，回归自我与他者美学互动的童真时代，就像池塘里的鱼儿回归江河湖泊。

当然，有意味的语文美学实践不仅体现在形式上，而且体现在“自美于美”的历程中。目前我们的语文教学在一定程度上还是从纸上到纸上，将活生生的美抽象成僵化的符号，语文美逐渐虚化成空泛的幻影。一次又一次的刷题，一篇又一篇的分析，一堂又一堂的灌输，已掏空了生活的“原浆”，没有欣悦的发现，没有美的达成，到头来依旧是下笔无源，纵使拼接成文也味同嚼蜡。在孙校长的这些外溢的语文课堂里，课本中的形象回归自然的物化状态。因为语文长期剥离生活，这种物化还原是很有必要的，否则将“杨柳依依”换成“松柏依依”便没有什么不同。没有对杨柳与松柏物性上的辨识，就不能指向杨柳、松柏作为文学形象进行文化隐喻的物质属性。活态的物化形象时刻展现活化的物象诗意，它活化了课堂上漂浮不定的美，它让学生对美的期盼、对美的创造生了根。杨柳物象的活化或许只在转瞬间，但它是学生终生难忘的存在。这种诗意的点燃，演绎的不仅是美的诞生，而且是恒久内化的开始。只有内化了的诗性才是语文美学的终极目的，因为内化了的诗性使得学生懂得欣赏美、创造美、分享美。从这个意义来看，孙校长的外溢语文课堂实践就意味深长了。在此，许多细节被删减了，也没有长篇大论来阐释，但它既可以作为语文美学、语文诗性及其“物化—活化—内化”运行机制等形而上的理性分析与归纳，也可作为语文教学形式、方法、策略等形而下的观摩与探讨。

孙校长的外溢语文课堂能在以应试为运行核心的语境下得以实现，既归功于他深厚的理论学养、生动的语文探索，又得益于姜堰二中几代人持续构建的大文化场域。他们自觉传承本邑“泰州学派”所提倡的“人人皆圣人，处处皆学问”的乐学思想，实施本真教育行动。姜堰二中校园内设有乐学堂、越剧史料陈列馆、艺术馆、悦微书吧、本真教育研究所、乐学红楼社团等。它们让校园里的每个物件都成为教育教学的话语者。新竹楼、垒石楼、临水楼赋予高中三年成长的寓言，母子松传递爱的力量，乐学苑展示高质量生活的姿态。如此阔大的人文景观，使得孙校长自如地与学生一起“摘星星”、种理想树、观杨柳扶风，听鹿鸣河逝者如斯的叹息……

自然，语文的主阵地在课堂，但外溢思维不能丢弃。孙校长笔下的外溢语文课堂清新而梦幻。由此推想，他的课堂一定精彩，并且还有其他形式的外溢。它带给我们无限的想象，我们也期待孙校长下一次闪亮的呈现。

（曹洋，南京大学兼职教授，南京书画院书法篆刻研究所所长，国家一级美术师，中国书法家协会会员，中国文艺评论家协会会员）

目录

第一篇章　鹿鸣河畔，一位语文老师的轻吟浅唱

第二篇章　鹿鸣河畔，你们的诗意生长

第三篇章　沐春风，寻觅心中的呦呦鹿鸣

第四篇章 告别鹿鸣，许我们以诗与远方

第一篇章

鹿鸣河畔,一位语文老师的轻吟浅唱

鹿鸣河,一条贯穿主城南北的河流,多年以来,一直静静地流淌。岁月如歌,光阴荏苒,与它美丽的相遇好似一个美好的梦。从它出现在我视线的那一刻,形象便已沉淀在我心底,不曾淡化。

鹿鸣河畔,有如花的青春,有如水的诗意。从杂花生树的暮春到天高云淡的初秋,从烈日炎炎的盛夏到霜雪逼人的寒冬,一路上穿越静美,走过幽暗;一路上波澜起伏,沉浸梦幻;一路上丝丝缕缕的温暖、清清幽幽的心绪,在时光的隧道里绽放出一朵朵眷恋的花蕊,在文字的阡陌中叠映出一幅幅柔美的画卷。心的深幽处收藏着因它而满意的梦。为了梦中的绮丽,我精心地把它种植在记忆的麦田里,任它肆意滋长;我用心地把它镌刻在生命的年轮上,让它枝繁叶茂。

这是写给自己的诗情。我愿用空灵律动的心曲将其谱成爱的绝唱,只此一生,轻吟浅唱,而又刻骨铭心。

楔子

理想是什么？理想是人生的奋斗目标，是人们对未来的一种有可能实现的想象。理想如何表达？在鹿鸣河畔，有一种独特的表达方法：种理想！高中三年，种下理想，践行理想，放飞理想。理想带领我们一起走向未来。

种理想赋（并序）

二〇二〇，岁在庚子，疫情突发，学子迟归。四月初一，谷雨时节，鹿鸣河畔，香樟树下，种育理想，规划人生。乃作《种理想赋》，以励二〇一九级学子牢记使命、坚守本真、秉承乐学、超越奋进。

苏中大地，麋鹿繁盛。三水交汇，乐学根深。姜堰二中，烽火诞生；红色基因，代代传承。千佛寺前，开启革命征程；都天庙中，励志不懈耘耕；萃丰场上，办学铿然有声；长沟村旁，超越异彩纷呈。省重点、国家示范、四星高中，跨越发展见峥嵘；平凡苗、树报国志、开优秀花，英才辈出谁争锋？

今之校园，风光旖旎；四维环顾，生机盈窗。潺潺鹿鸣，烟柳入画；丹桂赋诗，郁郁香樟。览此芳树，葱葱茏茏；多干向上，承载理想；枝叶扶疏，福泽绵长。五十芳华，移栽此方；六十寿辰，渐成气场；七十华诞，声名远扬。游忠校长，厚寄我辈儿郎；以此香樟，种植吾之理想。何其庆幸兮，有此荣光；多有期待兮，使命担当。

一九学子，八月入学，军训磨砺，文明守纪；九月金秋，大好时光，学子竞秀，处处争先；十月国庆，恰逢大典，校园体育，尽展风姿；冬月远足，祁巷拉练，张弛有度，动静相宜；腊月校园，红楼文化，艺术登台，尽善尽美。坚持本色，解放智慧，立学校发展之根基；追求真理，学做真人，创二中明日之佳绩。

庚子抗疫，史无前例。春华秋实之园，恍若空谷；新竹临水之所，宛如孤地。时逢疫病，贵俗同心；遭遇灾疠，黎元同责；医者谋事，余者尽心；学子居家，网上学习。终至乾坤重振，昔日之景粲然已复；喜迎学子返归，今日之校渐入佳境。二中师生，心有所属。负重致远，当坚定信念而树远大理想；多难兴邦，必无畏艰难而求海晏河清。

再观眼前之香樟，枝繁叶茂而荫庇一方；谨思心中之理想，开花结果而扬帆远航。回首峥嵘岁月，展望千舟逐浪。胸有万壑，笔走惊雷，乃赋四韵，赞吾二中学子之理想：

江海明珠三水汇，乐学精神名校传。
烟柳重朦鹿鸣畔，香樟浓郁春华园。
坚守本真情不移，超越发展路正宽。
雪龙腾飞志万里，青春作歌震尘寰。

小贴士

赋是我国古代的一种有韵文体，介于诗和散文之间，类似后世的散文诗。它讲求文采、韵律，兼具诗歌和散文的性质。其特点是“铺采摛文，体物写志”，侧重写景，借景抒情。进入新时代，很多人都喜欢用赋这种文体来表达对新文化、新事物的吟咏之情。我们经常见到地方文化赋、校园文化赋、时代人物赋等。作者用“赋”来体物写志、表情达意，既有文气畅达之效，又有一唱三叹之味，足可以称之为“古赋新声”。你愿意试着用这种文体来表达吗？

楔子

一首老歌、一个熟词，我们反复体会，便会品出不一样的味道。而将它们与一定的情境结合，又会生出新的感触和思考。鹿鸣河畔的“星星点灯”，会激发你什么样的情思？

“星星点灯”之榜样的力量是无穷的

星星点灯/照亮我的家门/让迷失的孩子/找到来时的路

星星点灯/照亮我的前程/用一点光/温暖孩子的心

——郑智化《星星点灯》

《星星点灯》是台湾歌手郑智化的一首老歌。这首歌曲不仅是几代人共同的记忆，也成了励志精神的象征。郑智化以饱含激情的歌声影响了很多怀有梦想的人，“照亮”了不少年轻人的奋斗征途。

“星星之火，可以燎原”是毛泽东同志写的一封信的标题，是对中国革命的远见卓识，是对革命者大无畏精神的颂扬。“它是站在海岸遥望海中已经看得见桅杆尖头了的一只航船，它是立于高山之巅远看东方已见光芒四射喷薄欲出的一轮朝日，它是躁动于母腹中的快要成熟了的一个婴儿。”毛泽东同志用三个生动的比喻告诉我们革命高潮必将到来，革命必将成功，星星之火必将燎原。

“星星点灯”行动是奋进、超越中的姜堰二中人多年来一直坚持的自觉、自主、自愿的行动。每到高三，整座大楼“星星点灯”的“壮举”都会让人感慨万千。

榜样的力量是无穷的。毛泽东同志作为高瞻远瞩的革命领袖、郑智化作为不屈服于命运的有为歌手，他们用自身的言行点燃理想之灯，不仅照亮自己前行的路，也照亮更多人的路。

姜堰二中人的“星星点灯”行动，也具有榜样的引领作用。谁是“星星点灯”的榜样？可能是上届、上上届、上上上届的学长学姐，也可能是我们身边的为了美好的前途和未来积极向上的领跑者，还可能是我们身边的老师、家人、朋友，甚至是我们自己。每个人心中都藏着一个最好的自己，而这最好的自己就是引领我们不断前行的榜样。

姜堰二中人的“星星点灯”行动绝不是在行政命令强要求下产生的，也绝不是粗暴干预下的勉为其难。一切皆自觉、自主、自愿、自律，可引领、可启发、可诱导，但绝不强制、绝不迁就、绝不蛮干。

“星星点灯”有三层内涵：其一为夜空的星。每当夜幕降临，星空灿烂时，便是我们努力拼搏、奋战之时。夜空的星可为榜样，可供力量，可引领我们面向未来。其二为内心的火。此火源于自发、源于激情、源于理想。此火起初微弱，越点越明，直至成燎原之势，似以萤火之光建成光明之塔。其三为师德之光。师德如星光，照亮学子前行的路，引领和陪伴学子一路高歌猛进，向着理想进军；师德如星火，微弱却坚强，温暖且有力量，点亮学子的信念之灯。

星星点灯，照亮前程。在姜堰二中这片乐学的沃土上，师者是榜样，领跑者是榜样，自己也是自己的榜样。我们倡导：做最好的老师，做最好的同伴，做最好的自己。每个人都在星光的引领下，奔向自己最美好的前程。

我们有理由相信，在通向理想和远方的康庄大道上，学子们在象征光明和未来的信念火炬的引领下，奋力前行，拾级而上，展翅飞翔，必将创造出一个又一个独属于自己的光彩夺目的“南十字星光”。

小贴士

生活中的习以为常的事物，往往会让人不屑和厌倦。如何将生活日常写出别样的味道，贾平凹先生给出了一个建议——“接地气”。“接地气”就是写出真实，写出生活的味道，写出关于生命的、人生的意义。虽然年轻人的生存环境变了，但只要写出年轻人真实的生存状态和精神状态，就是“接地气”。你能写出“接地气”的作品吗?

楔子

花开刹那，芳华毕现。人这一辈子里，最具朝气、最具激情和最懵懂的美好年华，就叫芳华。每个人都有自己的青春、自己的芳华，世间最美好的事情之一便是我们一起经历芳华。鹿鸣河畔的芳华是什么样的呢?

花开的声音

——高三文科强化班纪事

刚进高二文科强化班那会儿，我整个惊了，一眼看过去都是女生，那叫一个“姹紫嫣红”。一开始我还很担心，这一大帮女生会不会很难管理，到时候搞个小团体什么的，岂不让我万分伤神？不过，随之而来的校运会很快“粉碎”了我最初的想法。

学校宣布完每年一度的校运会消息后，大家报名训练都很积极，全然不像娇滴滴的“林黛玉”。班级全体学生在校运会的准备活动中，相互了解、相互帮助，很快凝聚成了一个大集体。大家干劲十足，似乎志在必得，只有我还觉得有些不放心：这一大帮女生能搞出什么成绩来呢？

校运会当天，我让广告公司专门印制了一幅印有我们班班级口号的横幅。气氛一下子就上来了，全班热血沸腾。当体育委员一马当先冲进女子200米决赛时，我站在看台下看到所有女生都在看台上扯着嗓子加油，那样尖锐而整齐的助威声响彻全场。我当时就觉得这是一个别样的班级，心里暖暖的，很感动。这样尖锐而整齐的助威声持续了两天，伴随着的是一个又一个意想不到的好成绩。最终我们班在校运会上拿到了第二名。班里没有任何体育特长生，而且绝大多数是女生，但我们竟得了第二名。当听到这个好消息时，全班都止不住欢呼，我也忍不住用力地鼓掌，满脸喜悦。我想，这就是一个看起来平常的班级的超强爆发力吧。

紧接着就是学校举办的纪念“一二·九”运动合唱比赛。

趁着校运会的劲儿，全班斗志昂扬。我帮她们选定了一首适合女生合唱的抒情歌曲《鼓浪屿之波》。没有伴奏带，我们就和音乐老师一起动手制作。我、音乐老师，还有所有学生一起努力，用一切能用的时间练歌。比赛前，音乐老师对大家竖起了大拇指：“太棒了!”于是，所有人都以为胜券在握了。可是，在正式比赛时伴奏带出了问题，伴奏带夹杂着原声，打乱了大家的合唱节奏。那首大家因练了几百次而烂熟于心的《鼓浪屿之波》，就这么狼狈地呈现在全年级面前。

从比赛会场回来，大家心里都沉甸甸的，甚至有女生小声地抽泣起来。我们精心准备了这么久的比赛，结局却是这样的让人无法接受。这时候，我也不知道如何安慰大家。我捧着电脑走进班里，什么都没有做，什么都没有说，而是给他们放了一部电影《肖申克的救赎》。我把窗帘拉得严严实实。大家安静地看完电影，似有所悟，那一颗颗失落的心慢慢平静下来。电影结束后，我告诉他们，人生不可能一帆风顺，有高潮，也有低谷。我们要学着适应人生各个阶段出现的各种状况，正确地面对现在与未来。

从那以后，这个集体变得更加团结了。

渐渐地，我们班各项工作都上了轨道。我推行的三套班委体制运行得有条不紊，值日班长轮流做，每个人都可以管理班级。我们班在高二接下来的日子里取得了众多荣誉，譬如面向全校的主题班会、小高考的全面丰收……

高二升高三分班的那天，我走进班里，什么也没说，只是把分班名单贴在了前面的小黑板上。大家都知道，不管谁离开都不是老师愿意的。学生们拥挤着上前去看分班结果。我双手撑在讲台上看着他们，无言。看着一些孩子背着书包落寞地离开班级时，我心里异常难受。孩子们也鸦雀无声，但是每一个离开班级的孩子都没忘了跟我说再见。是的，暂时的分别，并不意味着永远的再见。

紧张的高三生活开始了。

我比以前更严格地要求他们，也在无形中开始培养他们的能力。我希望他们不要被应试教育磨平棱角。每周一次的主题班会我仍然都交给学习委员和宣传委员来办，这样既能真实地反映出班级的问题，也能很好地集中大家的力量来解决问题。在那次主题为“高三史诗”的主题班会上，我给他们请来了上届的学长、学姐做嘉宾，让学长、学姐分享一些高中生活的心得。邀请的嘉宾都是我以前教过的优秀学生。学生默契的交流让我看到了一个更加立体的高三（16）班和更加立体的高中生活。在那节主题班会上，大家一起聊了过去与未来，聊了梦想与努力，聊了朋友与师长，聊了收获与遗憾。那是最让人难忘的一次班会，我的话也变得很多。能和大家像朋友一样坐下来亲切交谈，这是非常难得的。

备考的夏天来了。我为他们的身体着想，不允许全班学生喝碳酸饮料。但是，我知道他们喝惯了那些东西，一下子要改过来不容易。我也知道不少人把可乐装进不透明的保温杯里，趁我不注意偷偷喝一口，味道可能真的好极了，我也只能睁一只眼闭一只眼。

临近高考，离情别绪逐渐蔓延。我们的班级日记《花开的声音》也一张一张接近尾声。每一次全班轮回后，我都会写一篇。在厚厚的两本日记本上，我留下了三篇文字。我在这个园地中写下自己的心里话。我告诉他们，老师做得不够好，没有把所有人都照顾到；我也总结了自己的人生得失，旨在告诉他们一些道理；我感慨三年如梦，一下子就过去了……我知道，几乎每个人都会抽出宝贵的时间来看我写的东西。他们有时会几个人凑在一起读我的文章，一想到这，眼眶竟然有些泛红。

高考前几天，大家多少有点浮躁，似乎有些迫不及待地要送走高考。为了让他们静下心来，我跟他们说了这样一段话："人生其实就像开出租车，有乘客时就开得很快，没有乘客时就慢慢开等着载客。我们在生活中也是这样，有目标时就走得很快，暂时没有目标时就慢慢走。但要一直保持前进，千万不要停下来，因为没有人会拦一辆停着不走的出租车。"

高考如约而至，我们班的考点在另外一所学校。同学们坐着大巴往返学校和考点。我和他们一起乘车，一起备考，直到把他们送进考场。我们班的考前休息室在那所学校的食堂二楼。学生们有意似的，不停地请老师帮忙把水杯接满水，有些人竟还有些不好意思。可是他们并不知道：我和其他老师都热衷于做这样的事，哪怕每个人手上提五六个水杯，也觉得这样做很享受，因为这个时候我们不再需要和他们探讨试题了，唯有做做这些，才算尽到老师的责任吧。临上考场前，学生们争着和即将考的学科的老师握手、拥抱。

他们毕业了，纷纷考上了心仪的大学，开始了他们新的人生历程。

我，回到高一，从军训开始，接手了一个新的班级。

又一个轮回开始了。

小贴士

纪事类文学作品关注生活中的亮点、热点事件，关注事件中人物的命运，在对事件进行描述的过程中，完成对时代的深度记录。我们每个人都可以做一个时代的摄影师，用眼睛做镜头，用笔尖串联起生活中的一幕幕感动，或许在不经意间，就成了一位"时代记录者"。

楔子

鹿鸣河畔，高二年级一次小小的月考中，学生与两位历史人物相遇在作文题目里。也正是这两位素未谋面，甚至可以说是闻所未闻的历史人物，跟我们的高二学子开了个小小的玩笑，让不少同学拿到了写作文以来最低的分数。看到自己的作文分，很多同学多少有些无奈、不服、不甘……作为语文老师的我，觉得应该做点什么，于是拿起笔写下了一些文字。

乐羊与秦西巴的对话

乐羊：什么，你不服？我还不服呢！我乃贵族出身，得魏相翟璜所荐为魏军统帅，以吴起为副帅，借道赵国去讨伐中山国，其中千辛万苦、出生入死，有谁清楚、有谁知？

秦西巴：别啊！人在江湖身不由己，我因为不忍辜负母鹿舐犊之情，而没有完成国君的使命。要知道，我这么做，是要给自己招来杀身之祸的。好在君王没有杀我，只是流放了我一年。

乐羊：快不要说了，秦西巴，你被流放？你怎么不说你一年后被任命为太子老师，后来还做了相国这件事呢？

秦西巴：乐将军，先别说我，我知道你是真不容易，只是不知道当那杯肉羹端到你面前时，你究竟是怎么想的。

乐羊：肉羹，肉羹啊！哎，快别提了。你这一提，虽过数千年，我这心中仍是痛得厉害，怪只怪这中山武公姬窟，也是忒狠毒了，打仗就打仗，杀我儿干什么？况且我儿子还是他的得力大将啊！他煮杯肉羹送给我，真是个匹夫啊，气死我了！

秦西巴：可是，你怎么就吃了呢？你怎么就吃得下呢？

乐羊：你不要站着说话不腰疼。你知道我当时是什么处境吗？我虽心疼我儿，可我有选择吗？我若不吃，魏王会疑我不忠，我就会招来杀身之祸，身旁的人就会取代我；我若不吃，中山国会认为我软弱，我就不一定能打赢这场战争；我若不吃，我……你知道我有多难吗？

秦西巴：乐将军，在这里我就要说你两句了。我且问你，什么是忠，什么是赢？难道你为了所谓的忠君爱国、所谓的打赢战争，就忍心喝了以你儿子的肉做的羹吗？

乐羊：秦侍卫，你不是我，你怎么会知道我的苦楚？有错的是他中山君，都是他逼的；还有魏王，枉我对他这么忠心，打赢了这场战争，他却怀疑我的忠心，凭什么，凭什么？

秦西巴：乐羊，你现在已不是什么将军了。我且问你，作为一个父亲，你真的不知道"虎毒不食子"的道理吗？你真的不明白，你这么做会招来历史上无数的骂名吗？吃了自己儿子的肉，你觉得你还配做一个父亲吗？

乐羊：秦西巴，我告诉你，你没有资格来指责我。我的儿子被杀了，我就杀了杀他的人，灭了他的国，我为我儿子报仇了。我也受了魏王的封了，我的封地就在中山国。魏王不重用我，是因为他错听了小人的谗言，要不然我定能帮他开疆拓土，建立更大的功业。

秦西巴：乐将军，我姑且再称你为乐将军，你醒醒吧！我告诉你，你真的错了。你建功立业、开疆拓土、求名求利，在战国那样的乱世，我觉得没什么错，但是你错就错在你自己做了错事，还不知反省，真是一错再错啊！

乐羊：秦西巴，你一直说我错，可我要说，我看不起你。你一个小小的侍卫，食君之禄，却不为君王办事，反而忤逆君王，因为妇人之仁而放生小鹿，你别以为后来你做了太子的老师，又做了相国，有多了不起。我告诉你，你这是愚蠢无比。中山国也是愚蠢无比，它唯有被灭一千次、一万次，方能解我心头之恨。

秦西巴：乐将军，我的事情还是不要多说了。我来点拨点拨你。你说你恨，你说你痛，可你真的不知道最该恨的是你自己吗？你虽有千种理由、万种说辞，但也不能弥补你犯下的罪恶，不能掩盖你那颗邪恶的心。你难道真的认识不到吗？

乐羊：什么？秦匹夫，你说我有罪，你说我邪恶，你凭什么这么说？你今天不说出个道理来，我就活撕了你。呀，真是气死我也！

秦西巴：乐羊，我来告诉你，你的问题至少有五个：其一，你的所谓忠、所谓勇，都是追名逐利之举，它们不足以成为你食自己儿子肉的理由。其二，虎毒尚且不食子，更何况人乎。你这么做看似冷静、英勇，实则有悖人伦，从某种角度说，你不配做一个父亲。其三，难道你真以为在面对这样的事时没有别的选择吗？神话传说《封神榜》中提到，周文王姬昌曾经也遇到过和你同样的事，但姬昌竟能巧妙化解危机，获得百姓爱戴。其四，我要告诉你的是，这个世上除了好勇斗狠之外，还有仁义礼智信。你这么做是把自己往绝路上逼。其五，我来问你，你吃了你儿子的肉羹，你这一辈子能过得心安理得吗？你夜里不会被噩梦惊醒吗？

乐羊：你……你……

秦西巴：你不要“你你你”的，我还要正告你，你这样的行径是彻彻底底的狠毒、自私、无情。别人纵有千错万错，他们也许凶狠残暴，也许贪得无厌，但都不及你。你在吃下你儿子的那杯肉羹的时候，你就是一个不讲亲情、失掉人伦、禽兽不如的人了。这样的你还想要获得别人的信任、重用，还想要开疆拓土，你的底气何在？你的自尊何在？你的信仰何在？

乐羊：（老泪纵横，扑倒在地。很长时间后，才缓过气来，眼巴巴地看着秦西巴）秦先生，我，我，我真是好恨我自己啊！其实你说的这些一点都不过分，我真是有很大的罪过啊。你知道吗？后来我虽然被封在中山国的灵寿，可夜夜做噩梦，再后来，我便睡不着觉了，因为只要我一闭眼，儿子就会站在我面前，我成了一个永远无法睡觉的人，直到我长眠于灵寿。

秦西巴：哎，乐将军，我可真是同情你。但我也很欣慰，你终于肯承认你犯下的罪责了。不过我听说你有一个很厉害的孙子，叫乐池，是吧？

乐羊：是啊，乐池懂事、明理、有才华、善骑射。他帮助中山国复国，在中山国出将入相，后来还做了秦相，再后来辅佐燕昭王即位。乐家在他手上变得声势显赫，势力遍及各国。他建立的功业远大于我，而且他培养了一个更加优秀的接班人——乐毅。乐毅可是凭一己之力几乎灭了整个齐国的人！如此，也算不辱我乐家先祖，也算消解了我心头之痛。九泉之下，我虽不能安心，却也能瞑目了。

秦西巴：这里我要为乐家点赞，真是长江后浪推前浪，人才辈出，代代相传。可是，乐将军，我觉得你还有一事不明，请问你可知晓？

乐羊：请先生明言，愿闻其详。

秦西巴：你我之间能有这次对话，其实应该归功于三个人。正是他们把你我二人相提并论，才有了姜堰二中学子的这次作文，也才有了你我二人的这番讨论。先有战国韩非子，多亏了他的《韩非子·说林上》一文。后有汉代刘向，他的《说苑·卷五·贵德》一文中同样记载了你我二人之事，而且还下了结论。你想知道结论是什么吗？我来告诉你，“故曰：巧诈不如拙诚。乐羊以有功而见疑，秦西巴以有罪而益信，由仁与不仁也”。再后来，在武则天统治时期，有一位杰出的诗人竟以你我之史事为鉴，写了一首《感遇诗三十八首·其四》，“乐羊为魏将，食子殉军功。骨肉且相薄，他人安得忠？吾闻中山相，乃属放麑翁。孤兽犹不忍，况以奉君终”。不知将军听此作何感想？

乐羊：哎，真是悔不当初啊！没想到当年我的这样一个不当行为在后世引起了这么大的反响。我这是做了千古罪人啊！

秦西巴：将军也不必如此自责。你现在知道你当初究竟错在哪儿了吗？

乐羊：我细细琢磨三位大家的批评，话虽难听，理却鲜明。我错就错在“无行无德，不仁不义”上。食子之肉，是为无行；食子之肉而不知错，是为无德；不能推己及人，反而心生抱怨，是为不仁；未给天下苍生做好的表率，是为不义。现在我终于明白，我最终失去君王的信任，后半生不得安宁的真正原因了。

秦西巴：乐兄真的知晓？

乐羊：是的，很多时候，我们总是强调外部环境，说自己身不由己，是时势使然，其实，无论你是生活在战国乱世，还是生活在太平盛世，善与恶只在人的一念之间，所以内因决定外因。我错的根源是我不能听从自己内心的善念，不能在外部压力下“致良知”。当一个人失去了自我，完全被外在环境控制的时候，便会一错再错，一败涂地；即使一时得意，最终也会走向消亡和虚无，因为此时的他已不是他自己，而是他人利用的工具，是无知无觉的泥偶、木雕。其实，做自己比什么都重要，可惜这个道理我懂得有点晚了。

秦西巴：乐兄此言甚对。其实我当年私放中山君猎获的那只小鹿，真的是因为被母鹿的舐犊之情感动到了，我也顾不了太多，我只遵从自己内心的善与仁。至于君王是杀我，还是放逐我，抑或重用我，那都不是我要考虑的事。其实，魏王也好，中山王也好，后代的评论者们也好，他们都不是我做人做事的桎梏，我只遵从自己的内心，只信守做人的底线和原则，哪怕我这么做看起来有点愚蠢、笨拙、不知变通。不知道乐兄是否认可鄙人的拙见？

乐羊：先生这是嘲笑我了。我为我起初指责先生的话道歉。很多时候真是不比较不知道。后人把你我二人这么一比较，你说还有什么是不明了的。我为千古罪人、先生为仁人君子的这一结论已确定无疑了。但我想罪行再大仍可救赎，君子再贤仍能寸进。希望姜堰二中的学生们能以史为鉴，做明事理、知荣辱、守本真、辨是非、遵内心、懂取舍的文化传承人，做有健全人格、良好学力和创新精神的现代人。

秦西巴：是的，同学们，一篇作文得了低分并不可怕，你可以通过请教老师、自我调整、改变学习方法来增强自己写作文的能力，从而获得高分。但如果你在做人底线上出了问题，在品德修养上出了问题，你就会得人生的低分，而这样的低分是不可更改的，会成为你一生的污点、一生的悔恨。同学们，人生须时时谨慎，守住内心，遵照良知，方能正道而行，行而致远！

小贴士

高中阶段是理性精神与批判思维、抽象思维和逻辑判断力形成的关键时期。与此同时，想象力和道德品格的养成，在这个阶段也是至关重要的。思维品质、想象力、道德品格构成高中生作文提升的“三叉戟”。日常语文学习中多一点争辩，才能让道理越辩越明，才能还原语文学习的本质。《礼记·中庸》中曰：“博学之，审问之，慎思之，明辨之，笃行之。”批判思维是我们清除错觉、识破欺骗、破除迷信、澄清误解和做出好的判断、迈向成功人生的工具。

楔子

高三是众多学子人生中的一个必经阶段，要安然度过这个阶段，需要有勇气、有智慧、有力量、有信念。作为鹿鸣河畔的一个“敲鼓人”，我愿意铸造一段彼此成就、相互感恩、亦师亦友的师生情缘，于是便有了这一篇高三寄语。

授高三旗，走高三路，论高三道

——寄语姜堰二中2022届新高三

2021年6月9日，随着高考的最后一场考试的结束铃声响起，2021届高三学子已尘埃落定，2022届高三学子登上历史的舞台。有学生说：“此时，离我们的高考还剩362天了。”有家长说：“想到孩子高三这一年，我感到紧张，压力倍增。”有老师说：“现在该看我们的了。”

6月10日，我们在体育馆举行2022届高三授班旗仪式。那个当下，所有人都明白，不管你愿还是不愿，惧还是不惧，高三已经如约而至了。

授高三旗，走高三路，论高三道。借用三句诗文向高三致敬，并勉励我们所有人：勇闯高三路，无惧险与难！

“当那条唯一捷径省略了朝拜者，我便在一滴花露中瞬间彻悟。”是的，也许，当你欣喜于走捷径的省时省力时，可能错过的是全世界的美，甚者，你根本到不了终点。这是仓央嘉措的哲理感悟，它是在告诉我们：高三本没有捷径，我们和高三的邂逅是命中注定的，我们须在高三阶段的一点一滴中感悟人生，而没有捷径的高三也许就是人生最好的捷径。

“雄关漫道真如铁，而今迈步从头越。从头越，苍山如海，残阳如血。”这是毛泽东同志的至理名言，毛泽东同志告诉我们：不要说娄山关坚实像铁般难以逾越，而今让我们重整旗鼓向前；重整旗鼓向前，茫茫青山如大海，夕阳华光赤如血。高三，我们踏上新的征程，一往无前。

“此鸟不飞则已，一飞冲天；不鸣则已，一鸣惊人。”这是《史记·滑稽列传》里描写鸾鸟，也就是凤凰的一段文字。当我们踏上高三的征程，我们当如凤凰涅槃、浴火重生。我们在一次次蜕变中不断成熟、不断改变、不断超越，从而创造一段独属于我们的高三奋斗史。

为了我们无悔的青春，加油吧，同学们！

小贴士

教育的重要作用在于发现与唤醒。我们在教育教学时，要让学生找到志同道合的伙伴；要让学生在宽松的环境下自主和自律，在体验中收获人生财富；要让学校成为教师乐教、学生乐学的精神家园，让每一名学生在这里得到生动活泼的发展。而在这些过程与经历中，深入人心的宣传有时显得非常必要。其实学校如此，其他场所又何尝不是如此？因此，写出触动人心而又充满鼓舞精神的文字，是值得锤炼的能力。

楔子

高中生的寒暑假应该如何度过？是在无节制的放纵玩乐中度过，还是在无休止的刷题解题中度过？在鹿鸣河畔，我们倡导的是走进生活、了解社会、感悟人生，我们有独特的“校长‘六个一’特别作业”需要完成，学生在完成作业的同时，思想得到了淬炼，灵魂得到了升华。

似水年华，许自己一场春暖花开

（“校长‘六个一’特别作业”序言）

青春是多么优美的诗，岁月是多么悠长的歌，我们一遍又一遍吟唱，一遍又一遍聆听。唯美不过年华，绚烂不过青春。在不知不觉中，年华流逝，青春散场，只留下那一帧帧令人难以忘怀的画面。任画面在记忆里一次又一次回转，每当想起时，蓦然的情愫一次又一次地冲击着我的心弦，奏出一曲曲唯美而蕴含忧伤的歌。歌儿缓缓地升腾，经久不息，余音绕梁，扣人心弦……

一直想做一个温暖的人，让善良在心中开出柔媚的花朵。在似水的流年中，以岁月作纸笺，用时光作笔，在平淡的生活中描绘出五彩斑斓。学会驻足欣赏人生的每一处风景，在平凡的日子里找寻美丽，在时光的剪影中盈盈浅笑。左手懂得右手冷暖，便能收藏岁月沉淀的芳香。任寒风吹过依然向暖，落红散尽依旧温润。守着一路花开花落的美丽，走过红尘喧嚣，笑看明媚成歌。

当十七八岁的青春邂逅一个美丽而开放的校园时，当如烟似水的年华遭遇“本真、乐学、超越”的教育情怀时，我们主动走向社会，关爱世界，用自己的双眼去观察，用自己的大脑去思考，用自己的纸笔去记录，用自己的实际行动，在大好的青春时光里，许自己一场春暖花开。

歌德说：“读一本好书，就是和许多高尚的人谈话。”雨果说：“各种蠢事，在每天阅读好书的影响下，仿佛烤在火上一样渐渐熔化。”读书使人向善，读书使人避恶。读书人是人世间的幸福人，你是吗？

我们每个人都渴望成功，都渴望获取成功的秘密，以期找到通向成功的捷径。可当你真正接触那些成功者，你会发现，成功其实并无捷径，唯“辛酸与不易”耳，你觉得呢？

大千世界，万千人群，各个阶层，多样人生。当你走近他、走近他们时，或许你会找到其中蕴含的人生真味，你认为呢？

“家有一老，如有一宝”，老人是岁月的沉淀，是经验的载体，是生命的宝藏。尊老、敬老、爱老、助老是全社会必备的美德，你做到了吗？

这个世界的某个角落里，众人视野观照不到的范围内，也许还存在着不少家境困难、难以为继的人，你愿意去了解他们的艰难困苦吗？

烧饭、做菜、洗衣、拖地，这些最平凡的生活琐事都蕴含着丰富的意蕴和哲学道理，你体会到了吗？

有人说，我们不能改变世界，就改变自己；也有人说，我们要改变自己，进而改变世界。其实这两种说法并不矛盾，因为二者都强调了“改变自己”的重要性。在我们绚烂多变的青春岁月里，多一分主动融入与思考，多一分积极进取与关注，从努力“改变自我”做起，将姜堰二中“校长‘六个一’特别作业”社会理解课程进行到底，虽然不一定能改变世界，但一定能在似水年华中许自己一个春暖花开。因为：

一片雪花，一瓣寒梅，都是风景；

一个微笑，一抹阳光，都是温暖；

一份关爱，一种家常，都是感悟。

让明媚成为季节轮回中最美丽的风景，让生命如花一样绽放。千帆过后，生命的路口，我们只愿能够面朝大海，春暖花开。

小贴士

如果让你去调研一个社会群体的生活状况，如果让你去了解一位老人的人生过往，如果让你和一位成功人士来一次面对面访谈，你有行动计划和访谈思路吗？你准备如何把这些经历写成调查报告或访谈报告，从而记录下你如诗如画、如梦似真的青春？

楔子

有一种学校叫“家长学校”。“家长学校”不是家长办的学校，而是为家长办的学校，其目的在于利用学校资源来引领和指导家长更好地培育子女，更好地开展家庭教育，从而实现家校合作、共同育人。高一学生要来报到了，新一期的“家长学校”也顺时而建。下面这个报告是新一期的第一个“家长学校”报告。

忧与爱

——时代需求与子女成长

尊敬的各位家长：

下午好！

今天很荣幸有这样一个机会和大家一起交流有关孩子成长的话题。很多家长可能都知道今年江苏的高考作文题，叫“忧与爱”。这个题目出得很不错，尤其对我们的家长来说，当看到这个题目时，就会想到自己培养、教育孩子的点点滴滴。这么多年的辛劳用“忧与爱”来形容真的很贴切。

其他且先不说，光中考、高考期间，就有不少家长在考场外苦苦守候，望眼欲穿。高考考孩子，也是“烤”家长，是把家长放在火上“烤”。每年的高考都有动人的故事。这些故事都传递着感人肺腑的亲情。

忧与爱·重症父亲。在淮安某中学考场的门口，一位送考的家长突然晕倒。交警发现后要送他去医院，他却直摇头，执意不肯离开。他刚做过直肠癌手术，身体很虚弱，怕孩子高考分心，一直没告诉孩子。前一天晚上赶到淮安市区陪孩子参加高考。本来他近期还需要再去南京做一次手术，但他推迟了手术时间，坚持要陪孩子考完试再去南京。

忧与爱·盲人母亲。在南京某中学考场的门口，一辆出租车停了下来。一位男士从副驾驶位置下车后，打开后面的车门，把一位中年妇女扶下了车。中年妇女是一位盲人。“这就是考场的门口吗？”女子问身旁的这名男子。“是的，你女儿就在里面考试呢。”男子回答。“嗯，这里很安静，她肯定能考得好，这样我就放心了。”女子说完，双手合十，很虔诚地站在学校门口，像在祈祷着什么。

一个身患癌症的父亲宁愿推迟手术也要陪孩子高考，一个盲人母亲什么也看不见却一定要坚持在孩子的考场外为孩子祈祷，这是多么令人感动的事啊！其实，这样的忧与爱又何尝没有出现在我们的生活中呢？每次看到姜堰二中大门口长长的送饭队伍，每次看到放晚学时校门外翘首企盼的家长，每次看到办公室里家长忧心忡忡地和老师交流，都能深切体会到家长对孩子的忧与爱。我经常和我所教的班级学生的家长交流，经常被他们感动。不少家长放弃自己的工作来到学校附近租房陪读，不少家长每天都要穿梭在泰州市区和姜堰、兴化和姜堰之间，风雨无阻，毫不间断。很多寄宿生的家长一周来学校好几次，就因为担心孩子吃不饱、穿不暖，给孩子买零食、洗衣服、收拾床铺，有时还要听孩子发发牢骚。很多家长都跟我抱怨，现在孩子大了，有自己的想法了，会使性子，总是说父母这样做得不好，那样做得不好，听不进父母说的话，还总说父母不懂，感到教育子女真是件很头疼的事情。家长们都希望学校老师能够多帮助教育子女，纷纷表示老师的话孩子还听。听了家长们倒出来的苦水，我心里也不是滋味，一方面被家长们的辛苦与担忧感动，另一方面又为家长们的束手无策忧心忡忡。

面对各方面都飞速发展的现下，怎样才算是一个合格的家长？这一有关家庭幸福的切身问题，始终困扰着千万个望子成龙、望女成凤的家长。我们的家长忧虑很多，比如：“为什么我的孩子总是与自己格格不入，总是走向自己期望的反方向？”“为什么我的孩子会网络游戏成瘾？”“为什么我的孩子成绩始终不理想？”“为什么我有优越的经济条件却总不能让我的孩子振作？”“为什么我总是解决不了工作和孩子教育两者之间的矛盾？”

家长都爱孩子，却不一定会爱；家长一天到晚都在担忧，却不一定明白应该担忧什么、怎么担忧、怎么将担忧转变为孩子可以接受的爱。

父母对子女的爱是至真的天性，不只衣食起居照顾得无微不至，对于子女的教育与管教更可谓殚精竭虑。“望子成龙，望女成凤”该是每一个父母的心愿。可是，令人遗憾的是，我们常常看见各类疲倦困惑的父母和他们的在情绪及行为上有了适应障碍的孩子。这到底是为什么呢？

我要告诉家长的是，时代是真的变了，比起我们的童年，我们的孩子已经生活在一个有更多的媒介资讯和生存方式的社会，温饱早已不是他们关注的重点，他们也不一定要依赖过去社会中那种紧密相依的人脉情谊才得以生存和立足。是这个多元化的社会给我们的孩子许多机会去呈现他们自己的面貌，才使我们措手不及，感觉到孩子的问题好像变多了。因此，“好父母”的角色定义除了天性至爱之外，还要加上智慧和知识才行。

家长不妨反思一下自己平时教育子女的一些细节，是不是你明明做了很多，替代孩子思考、替代孩子做许多事情，孩子却不认可你的做法，于是孩子成了你口中的“叛逆儿、不听话的孩子”？

在这儿，我和各位家长探讨几个现在可能让我们家长烦忧的问题：第一，你会担心你的孩子在学校受到别的孩子欺负或者欺负别的孩子吗？第二，你会担心你的孩子交友不善或有早恋现象吗？第三，你会担心你的孩子受性的困扰吗？第四，你会担心你的孩子染上不良嗜好吗？

关于第一个问题，欺负人的孩子往往有两种：一是感到自己无能的孩子（不佳的孩子，或者家中麻烦不断的孩子）；二是那些所谓成功的孩子。他们要么成绩优异，要么是运动健将。他们往往认为欺凌别人是一件“很酷”的事。而被欺负的孩子往往具有抑郁、自闭的表现。面对这两类孩子，家长怎么做？对于有欺负别人倾向的孩子，家长要郑重地跟他谈话：欺负别人永远是不对的，这样既伤害别人也伤害自己；家长要鼓励他去交真正的知心朋友，远离狐朋狗友；家长还要帮他制定人生的发展目标。对于受欺负的孩子，家长要帮助他建立自信，提醒他自身具备的许多优点，帮助他弥补自身的不足，鼓励他去保护弱者，但绝不是让他以暴制暴，还要告诫他要寻求老师的帮助，让他懂得这样做不是在告密，而是在帮助其他同学，这样做显示出了真正的勇气。

关于第二个问题，家长要引导孩子树立正确的交友观，鼓励孩子交知心朋友，鼓励男女生正常交往，但是要明确告诉他必须具有正确的择友观：好朋友应互相帮助、共同进步，不是互相吹捧，不是共同对付家长、老师，不是一起做越格的事。对异性有好感是正常现象，但要学会克制，要知道什么时候该做什么事，要抵制得住诱惑，要坐得住学习的“冷板凳”，不要受不良风气的影响。

第三个问题是一个很具有时代性的问题。由于网络和电子产品的存在，现在的孩子所接收到的信息远远超过家长在这个年龄时知道的。家长都清楚现在的孩子懂事得早，有时他们懂的东西甚至比自己还多。家长发现自己的孩子受性的困扰时，要有积极的处理办法，应遵循以下三个原则：一是开诚布公，父亲和儿子谈，母亲和女儿谈，告诉他们正确的性爱观，以及婚姻与性的关系；二是增强孩子的自制力，要求孩子不接触一切色情的东西，节制手淫、色情幻想等不健康的行为；三是转移孩子的注意力，引导孩子通过运动、刻苦学习来转移对性的关注。

第四个问题中的不良嗜好包括抽烟、喝酒、打架、斗殴、赌博、沉迷于网络游戏等。家长要密切关注，一旦发现苗头就要从根本上杜绝，必要时可求助学校、老师的帮助。另外要提醒家长的是，家长自身也要自律，做孩子的好榜样。

当然，家长为子女担心、忧虑的还有很多，这里不一一和家长们沟通了。我想忧与爱是密切相关的，担忧孩子也说明爱孩子，但如果只有担忧，不会正确处理，就不算真正地爱孩子。因此，我们的家长应该通过读书，学习掌握同子女沟通的方法，这样才算会爱孩子。下面我们再来谈谈如何关爱孩子。

要关爱孩子，首先必须了解孩子，千万不要让孩子成为你身边“最熟悉的陌生人”。我们很多时候要站在孩子的立场来思考问题。和自己的孩子一起成长，难道不是一件幸福的事吗？

现在许多家长普遍的方式是，物质上无微不至，学业上步步紧逼，精神上麻木不仁。在我看来。这样做不是爱孩子，而是在害孩子。真正会爱孩子的人，都具备以下三点：其一，舍得花时间和孩子玩游戏、闲谈、共度时光，让孩子经常享受到亲情；其二，尽力保护孩子的天性和智力的健康成长；其三，注意培育孩子的人生智慧和独立精神，这不是让我们给孩子准备好一个现成的未来，而是使孩子将来既能自己去争取幸福，又能承受人生的苦难。

我们的家长和孩子相处，遵循的最重要的原则是尊重孩子。爱孩子是一种本能，尊重孩子是一种教养。任何一个孩子都不会因为被爱得太多而变坏，相反，他得到的爱越多，就一定会变得越好。当然，我说的“爱”需要做界定，它不是溺爱，不是滥爱，不是不论是非、毫无原则的纵容。我所说的“爱”是一种倾注全部感情的关心、爱护、鼓励、欣赏、理解和尊重。只要是这样的“爱”，就怎么爱也不过分，怎么爱也不会把孩子宠坏。中国人总是教育孩子做“乖”孩子，称赞孩子时也多用这个“乖”字。“乖”有两个含义：一是乖顺，就是温良、听话；二是乖巧，就是伶俐、机敏。这两个含义结合起来就比较全面了。不过，这两个含义也可以从另一个方面理解，比如，乖顺可以说是循规蹈矩，乖巧可以说是察言观色，若二者相结合，就容易让人生厌了。仔细分析起来，孩子真正可爱的和值得鼓励的“乖”，其实包含了三个因素：一是通情，就是善解人意，知道关心和体察他人的感受。这是有同情心，是善良。二是达理，就是讲道理、懂道理。这是有理解力，是聪慧。三是在通情达理的基础上，能够克制自己不合理的欲望，这是有自制力，是节制。所以，“乖”应该是善良、聪慧、节制这三种积极品质的综合表现。家长如果真正会爱孩子，真正懂得尊重孩子，真正知道要把孩子培养成什么样的“乖孩子”，我想家庭教育就离成功不远了。

做家长的最高境界是成为孩子的知心朋友。在这一点上，中国的家长相当可怜，他们一面是孩子的主人、上司，另一面是孩子的奴仆、下属，难以找到和孩子平等相处的位置。成为孩子的朋友不易。多少孩子有了心事，首先要瞒的人是父母；有了知心话，最不想告诉的也是父母。有一些家长，自己十分无趣，看见孩子调皮就加以责罚，听见孩子的有趣话语也无动于衷。我真为他们的孩子感到冤枉。这样的家长是不可能成为孩子的知心朋友的。许多家长盼望孩子快快长大，早日成才，其实也许现实情况正相反。如果家长和孩子保持这样的一种纯粹的亲情、一种简单的幸福，即使孩子已经长大，但彼此之间仍然保持着这一份挚爱真情，那将是人世间多么美好的事！我这儿有三句感言跟大家分享：我愿孩子在因阅历和教养而成熟以后依然天真，我愿我们的亲情历经岁月的磨难始终纯粹，我愿人生的幸福不受世俗的腐蚀而永远简单。

尊敬的各位家长，我的报告“忧与爱——时代需求与子女成长”至此已结束。如有不当之处，请大家指正。谢谢！

小贴士

在这篇跟家长谈家庭教育的报告中，你学到了什么？是怎样更好地做学生，还是将来怎样更好地做家长，抑或是将来怎样更好地做老师？相信，只要你真的进入文本之中，你就会有收获。而更重要的是，我们是否能通过学习，掌握一门语言交流的技能。

楔子

虽然我们教育者常常被人戏称为“以校为家”的人，但也有走出校园，去看看外面世界的机会。教育培训就是最好的机会，同时也能让我们不囿于一孔之见，学会用他山之石攻玉。

此地一为别，廿年再相见

——泰州卓培苏州行之故地重游

江南三月，草长莺飞。姑苏古城，小桥流水。在这里，我曾有四年的求学经历。忆往事，斑驳旧影，历历在目。“永忆江湖归白发，欲回天地入扁舟。”我不仅羡慕范蠡的功成身退，更慨叹李商隐的潇洒与坚定。

1998 年，在苏大的四年读书生涯接近尾声之时，我的实习学校就是著名的千年学府——苏州中学。青砖黛瓦、桃红柳绿、优秀学子、人文气息，是当年苏州给我留下的永难忘却的印象。2018 年，乘着卓培之帆，重回故地，还能找到一些当年的印记。匆匆二十年，逝去的是岁月，不改的是初心。

结束苏大本科学业，即将毕业之时，教育学的老师留下了一句至今仍让我记忆犹新的话："中学教育是一片处女地，你们未来必大有作为。诸君多努力，自珍重，二十年后再看你们的业绩。"这句话一直不时地叩击我的心门。这二十年，有挫折、有失败、有颓废、有失意，但每每这样的时刻这句话便出现，给我力量、给我支撑。于是我化压力为动力，化腐朽为神奇，也收获了不少成功、不少快乐、不少业绩。如今虽已年过不惑，人到中年，但是为教育的冲动还在。

流连苏州中学校园，除了追思和怀旧外，更多的是发现和惊奇。尊经阁、道山亭、碧霞池、春雨池，令人叹为观止；范仲淹、胡瑗、王国维、钱穆之名，如雷贯耳；"领跑江苏，全国一流，走向世界"，霸气的标语表达了当今苏州中学师生的底气。

辞别苏州中学，此次卓培之旅转站苏州吴中区灵岩山景区，附近有一名校——木渎高级中学。木渎高级中学是 20 世纪 90 年代快速崛起的学校，一度声名鹊起。木渎中学曾参与编写过一本高中语文教辅用书，其上署名"木渎密卷"，足见其当时的影响力之盛。现校长名叫张飞。闻其名，英武之气扑面而来。张校长性格豪爽，却不莽撞，是一位有名的学者型校长。作为特级教师、中学教授级高级教师、教育家培养对象，他带领团队取得的一大堆科研业绩，让人敬佩不已。学校面积奇大，校中有山。学在山中，做木渎高级中学的学生，好幸福；教在山中，做木渎中学的老师，好雅致。

灵岩山乃往日常登之山。今日重逢，倍有感触。

此地一为别，廿年再相见。分别时还懵懂年少，再见时已是曾经沧海。但人在卓培中，心有向上意，待到凌云时，我辈复登临。

小贴士

随笔怎么写？随笔，顾名思义，就是随时、随意、随手的写作。我们看到很多散文大师的随笔，都写得随心所欲、亲切自然。但随笔又并非一种可以随意书写的文体，随笔的写作也有一定的规范。它往往从生活中和书本中找寻灵感，多为信手拈来、借题发挥，在三言两语中道出深刻独到的人生体验，在幽默风趣中尽显含蓄深沉。随笔，题材可大可小，篇幅可长可短，顺势而成，发乎自然。你学会了吗？

楔子

不知从什么时候开始，我们养成了做年度总结的习惯。作为学校的管理者，一年一度的述职考评也是如约而至。面对已经到来的2022年，如何回首2021年的同时展望新的篇章呢？

回首与展望

——2021年度述职报告

各位领导、各位同人：

在我开始今年的述职之前，请允许我跟大家分享一段来自《南方周末》的新年献词。从1999年以来，我一直都很关注《南方周末》的新年献词，它的华美、大气、有内涵，曾深深打动了我。今年的献词却有点不同，它写得那样的朴实、日常。

“没有谁想到，为这一年中国人的日常留下最真实画像的，是一份份‘流调’。

52岁的绍兴出租车司机，多日里每天跑车20小时；出差徐州的男人，日复一日调试设备，晚上吃麦当劳十分钟度过44岁生日；45岁的南京妈妈，除在机场做保洁外，其余全部是带孩子去各种培训班的足迹；35岁的爸爸，晚上在东莞居住，早上送完孩子后又大巴连地铁赶去深圳打工……而瑞丽居民的困顿、伊犁游客的窘迫、西安全城的封控，让人耿耿，有如身受……

那些粗粝的细节，那些奋力生活的轨迹，那些单调重复里的爱、责任和坚韧，真实映照着一个个普通中国人的日常，比滚动播报的全球新冠疫情数字更加牵动人心。”

如果姜堰二中也做这一份“流调”，我想可能是这样的：30 多岁的老师，上午给两个班的高三学生各上了两节课，中午还要看自习课，下午有答疑课，中间还要穿插去带娃，晚上还有三、四两节晚自习。也可能是这样的：40 多岁的老师，早上 5：50 起床叫醒熟睡的孩子，做早饭、送孩子上学、看早读、上课、开会，午间值班，下午开会，晚上开会、看晚自习、巡查，晚上 11：00 离开学校，结束一天的生活。还可能是这样的：50 多岁的老师，看早读、备课、上课、午休、改作业、答疑、看晚自习，晚上 9：30 回家。

是的，我说的就是姜堰二中老师的日常。本来我们每个人对这样的忙碌生活都已经习以为常了，但是当我们回眸一看时还是多了那么一点点感动。那我就先从我的忙碌汇报起。

上半年有个记者采访我，说我的字典里“忙”字占了首位。我觉得这话说得没错。因为领导信任、同人支持，我分管了不少令人忙碌的工作：年初开始忙修路、筑桥、建大楼，上半年忙国际部招生、智慧校园建设、跑步进高三，下半年忙“本真杯”、开放日、教研组与备课组建设，年终岁末忙教师文体活动、福利发放、文艺汇演，还要筹备新的教代会。因为太忙，工作多有交叉，所以我经常得加快语速布置工作，小跑步赶赴下一个工作场所。我经常对来找我办事的老师或职工说：“对不起，我只有 5 分钟”。因为太忙，所以有时采取了较为简单直接的工作方法。这可能会让不少人有看法。在此我向同人们致歉，还请多多理解。

当然，“忙”并非“盲”。“忙”要用心，才会忙得有意义、有效率。如果是瞎忙、乱忙，不仅会把工作做糟，还会损了自己的身心而无所得。相对于忙，其实我更看重节奏。我在语文课堂上给学生讲学习的节奏，我在高三教师会上给教师讲高三的节奏，我在后勤中心要求讲究“急事缓办，缓事急办”的节奏。保持住节奏，就是保持住内心，人就不会被事带着走，毕竟是人干事，不是事扰人，也因为此，人才不会被忙碌拖垮，才不会因工作辛苦而身心俱疲。

除了节奏外，我还有一个办事原则——“讲究”。“讲究”就是不仅要好做事，还要做好事、做事好。我觉得人要踏踏实实做人、精益求精做事。我对自己的要求是做人要谦和、勤奋、正直、自律，做事要专业，要敢想、敢为，还要求精求美。当然以身示范、率先垂范是做人做事的前提。要求别人做到的，自己一定要先做到；自己做不到，就暂时不要去要求别人，要去学习、去摸索，等自己能做到了，再带着大家一起去做。

在这里，我要说，我一个人的力量一定是有限的。“独行快，众行远”，一个人单独行动，没有负担与牵绊，可能走得很快；许多人并肩合作、一起行动，可以互相帮助、彼此支撑，共同克服困难，因而会走得更长远。作为姜堰语文名师工作室牵头人，我倡议建立姜堰语文教师发展共同体；作为凤凰读书社高级班的班长和鹿鸣悦读会的会长，我带领一支悦读团队；作为学校工会主席，我为教师、为学校做了一些有意义的事；作为国际部分管负责人，我带领国际班向课程化和精细化进军；作为后勤保障中心分管领导，我努力进行智慧校园建设；作为学校《红楼梦》课程基地领衔人，我调动教师的积极性，亲自带社团并指导其他社团活动，为姜堰二中的创特色、创品牌不懈努力。

各位领导、各位同人，回首过往，我觉得我身上还有很多不足，我也没有在党委、校长室分配给我的每项工作上都做到尽善尽美。因此，我对新的一年有很多期待。我希望和同事们一起开创2022年高考新篇章；我希望在学校教学管理、后勤管理上能够打开新的局面；我希望和儿子一起共同努力，向着人生新的目标、新的征程奋勇前行。希望能得到大家更有力的支持，谢谢大家！

小贴士

你看过《南方周末》《中国青年报》、人民网、新浪网的新年献词吗？你写过自己一年来学习、生活的小结吗？通过这篇文章，你学到了什么，又感悟到了什么？

楔子

作为一个教育人，我一直以来都在思考中国教育的改革方向和路径。我边探索边实践。这次有机会到大洋彼岸，亲眼见、亲耳闻、亲身感知，我能找到想要的答案吗？

迎着太阳的航程

——2019 年美国访学日记

（一）

在新一轮课程改革拉开大幕与泰州市卓越教育体系相遇之时，第一批卓越校长美国访学终于成行了。

“这次去美国能够成功，真是不容易。”一位同行的领导说这话并非虚言。这次泰州首批卓越校长培训美国之行确实一波三折，几易日程。公务出国本就不是件容易的事，更何况在中美关系这样微妙的背景下。办手续、办签证、定行程，任何一个环节出现问题，都可能导致我们这次 22 人的团队访美活动成为泡影。好在一切顺利。

2019 年 1 月 12 日下午 1 点，我们登上了北京飞纽约的国际航班 CA981。飞机准点起飞。本以为这是一场“穿越时空的爱恋”，可当飞机起飞后，才发现，飞机的航线是由北京一路向北，飞至北冰洋上空后一路向东，在东经 180°越过国际日期变更线后，再一直向东南飞向纽约。原来这竟是一场迎着太阳的航程。经过 12 个小时多的飞行后，飞机降落在纽约肯尼迪机场。

（二）

在筹划赴美的日子里，有一部被称为“小红楼”的电视剧《知否知否应是绿肥红瘦》（以下简称《知否》）正在湖南卫视黄金时段热播。

与《红楼梦》深沉浓厚、沉闷压抑的剧情不同的是，《知否》的剧情显得紧张激烈、张力十足。男主角顾廷烨（冯绍峰饰）、女主角盛明兰（赵丽颖饰）在剧中面对家庭内外的明枪暗箭、叵测人心，先是单线作战，然后夫妇合体攻坚克难，甚是好看。《知否》之所以被称为“小红楼”，是因为它与《红楼梦》有着共同的抗争主题。庞大的家族体系、家族内部的险恶争斗，甚至围绕皇权展开的血雨腥风，都随着剧情发展一一呈现。我个人认为，《知否》更为与众不同的是男女主角体现出的那种沉着勇毅、进取有为的变革精神。这在当今这样一个开拓创新的时代有着极强的现实意义。

中国的基础教育一直在创新求变中发展。作为身在其中的教育人，创新则进、守旧则退，迎难则上、畏难则下。在这样的时代，教育工作者也许正需要《知否》中男女主角面对重重困难表现出来的那种勇气、果敢与智慧。

（三）

当地时间2019年1月12日下午1点半，我们下了飞机，踏上了纽约的街头。曼哈顿纵横交错的大道和林立高耸的大楼展现出世界强国的繁华。从帝国大厦86层俯视曼哈顿全貌，一栋栋高楼镶嵌在长长短短的街道中，可谓星罗棋布、密密匝匝。而在大楼里广泛存在着的则是世界顶级的金融、政治、文化机构和社会精英。在第五大道、时代广场、华尔街，我们则近距离感受到逼人的商业热潮及美国青年的热情和奔放。

与曼哈顿遥遥相对的纽约港的中心处矗立着自由女神像。自由女神手持火炬，双唇紧闭，头戴精致的冠冕，右手高举象征自由的火炬，左手捧着《独立宣言》，脚下散落着已经被打碎的锁链。她静静地伫立在大西洋中，时刻提醒着人们自由来之不易，引领着人们一直向前。

（四）

在纽约新唐人街吃午餐时，我看到了“容闳公立小学”的标识，心有所动。

容闳（1828年11月—1912年4月），中国近代著名的教育家、外交家和社会活动家，中国第一个毕业于美国耶鲁大学的留学生，被誉为“中国留学生之父”。他组织了第一批官费赴美留学幼童，在中国近代西学东渐中有着不可磨灭的贡献。

大约在两个世纪以前，就有有识之士来到美国为中华民族的振兴和崛起而奋斗。如今我们也来到这块土地，目的是追根溯源，通过耳闻目睹、感悟思考来学习美国基础教育的质态，从而为中国的教育改革注入新的理念和活力。教育未来发展，当有可期！

小贴士

在高中教材里有两篇文言文游记：苏轼的《石钟山记》和王安石的《游褒禅山记》。两位大家写的游记都很有魅力，尤其值得我们关注的是苏轼文中的质疑探究精神和王安石文中的自我反省、考据实践精神。你在日常写作中有这样的比较、探究、质疑、考据意识吗？

第二篇章
鹿鸣河畔，你们的诗意生长

三年，是鹿鸣河畔青春恋曲的循环；三年，是种下理想和放飞理想的轮回。

那些你们笑声徜徉的日子，那些因你们而轻盈欢快的瞬间，那些由你们的青春编织成的梦境，在时光的交替中，在越来越浓的眷恋中，一路走来。香樟树下，见证你们的凌云壮志；乐学苑中，描绘你们的温厚细腻；超越石前，尽展你们的睿智豪放；跻云峰侧，释放你们的冲天豪气；射箭场上，放飞你们的拿云心事。

提笔，用心灵的弦音、多彩的色调、婉约的情怀，勾勒着梦幻中的和风细雨，涂抹着想象里的田园山色，描绘出一幅幅幸福壮美的画卷。

一、种下一棵理想树

楔子

南方有嘉木，鸾鸟在此栖；我有理想树，根深枝叶茂。条条垂光线，颗颗闪露珠；胸有凌云志，高耸入云霄。

4月23日，2019级的学子在家长和老师的见证下，认领了属于自己的理想树。葱郁的香樟树下，学生们拿起铲锹，为理想树培土、浇水，亲抚树下的理想石，理想便在这里生根发芽。葱郁的香樟树将见证学子的成长、成才、成功。

播种绿色希望，奠基人生理想

孙长春

春，带来希望，带来温暖，沿着冬离开的脚步，于这明媚日光之中，款步向我们走来。它带来繁花似锦，带来莺歌缭绕。叶子是树的羽毛，树是心灵的花朵。在一片新绿之中，我们用自己的双手，筑造自己的梦。

你是否无限怅惘过秋的萧瑟、冬的寂寥？你是否感慨过草儿的渺小、花朵的脆弱？你是否在挫折面前徘徊不前？

当二中校园鹿鸣湖畔的依依杨柳吐出第一抹绿色时，你的心中是否也会陡然生出一种希望？当晨风中，枝条儿懒懒地“打着太极”时，你是否也会轻扬起嘴角，感悟生命的曼妙与精彩？当狂风中，它瘦弱的枝干逆着肆虐的风，顽强地与命运抗争时，你是否也会咬紧牙关，发誓要活在巅峰？

我们携手种下理想树，在二中留下我们成长的痕迹。让秀颀的大树记住我们青涩而美丽的梦，让绿树见证我们破茧成蝶的历程，让繁茂的绿荫庇佑莘莘学子，让生命的正能量关照自己、辐射他人。

我们种下理想树，以后便要与它风雨同舟，共同成长。高一年级我们能携手共度，那是何等的幸福与满足！想想吧，多少年以后，当你回到母校时，校园的一花一草都会让你感慨万千，理想树更是凝结着我们对母校的点滴情结。在这里的点点滴滴，都深深嵌在大树那一圈圈的年轮之中。这棵树属于我，属于我们，属于我们的二中！

让我们用这棵理想树迎接母校七十华诞，用这棵理想树冉冉升起心中的明天！

我是一棵树

窦　峥

我是一棵树，一棵生长在鹿鸣河畔的香樟树。

我有一棵树，一棵植根在二中校园里的香樟树。

我是一棵树，我有一个名字，是同学们赋予我的，叫“理想树”。

我有一棵树，一棵承载着我的理想，伴随我成长，见证我成才、成功的理想树。

我喜欢听悦耳的上课铃声，伴着笑声，青春、阳光，如我一般。

我喜欢看一个个雀跃的身姿，欢愉的笑脸，自信、活力，和我一样。

我的香樟树，日夜不停地生长，郁郁葱葱，绿色，象征的是希望。

我的理想树，四季守护在我的身旁，陪我待日出、看夕阳、守星光。

清晨，朗朗的读书声将我唤醒，我努力地生长，摆出最挺拔的姿态，沐浴着阳光，在微风中轻摆身段，葱郁娇艳。我贪婪地汲取营养，努力向上。年轻的树，就应该是这个模样

朝阳总是在不经意间就爬上了地平线。我抚摸过春日清晨的露水，晶莹剔透；我头顶过夏日的骄阳，热烈奔放；我曾经将秋日的落叶夹在书里；也曾经蜷起身子抵御寒风的张狂。

暴躁的狂风啊，张牙舞爪地撕咬我，炎炎烈日、茫茫风雪，也试图毁灭我的身体、摧残我的意志。我低迷得甚至都不能呼吸，连鸟儿都不愿在我的肩上休憩。

生命的路，才走了一点点。懒惰、怯懦，还有那肆意的嘲笑、狂妄的迷茫，将我的坚持撕得粉碎。我像冬日里匍匐在香樟树下的枯草，虚弱得

不能动弹。直到春天，我看到了那株嫩芽。

那是希望，是理想的底色，是梦开始的地方。

我恍若站到了泰山之巅，遥望那远方的沧海云天。东方升起了一轮红日，绚丽、闪耀。

那是理想的光芒，点燃了心中的希望。我不再沮丧。理想照亮的地方就是方向。

我只是一棵树，但我知道，要朝着阳光竭力地伸展。从没有一棵树会嫌弃自己的高大。

我心中也有理想。我要尽情张开自己的身躯，直到它能够为我抵挡风雨、消灭彷徨。

从此，我昂首屹立，坚强不屈。我忍不住想跳舞，摇曳出韵律和节奏，向狂风暴雨发出挑战，不再惧怕它们的猖狂。

从此，我不再仅仅寓意如意吉祥，而是代表见证了风雨之后的倔强生长。是理想，让我有了责任与担当。

这棵树，这棵沉着坚定的大树，让我刻骨铭心。它步履勇敢而无畏，踏过风尘，踏过泥泞，踏过坎坷，踏过崎岖。

我的理想树啊，你的身躯已如此强壮！我们也渴望如你一般，把自己的命运执掌，胸怀坦荡，追梦远方。

今天，我们要在你的脚下，埋下理想的种子，请您用您的精神将它们滋养，请赋予我们力量扫除青春的迷茫，定位人生的方向。

从此，请您见证我们的成长，静待我们的理想绽放光芒，三年后题名金榜！

我是一棵树，是你们的理想树，我愿将你们的风雨遮挡，为你们的成功保驾护航。

我们都在等待，等待六月的理想之花装点青春最美好的年华，书写人生精彩的篇章。

春风正暖，朝阳正好，种下理想，点亮希望，不负青春，扬帆起航。

播种一株绿，承载辉煌理想

谢倩雯

时间如风，记忆如巨岩。淡淡的春光融化了一冬的沉寂。风铃在变奏，云彩在曼歌，而我们，迈入四月，流连驻足于追梦的一角。

该拥抱太阳，种下我们青绿青绿的希望，呢喃梦想的灿烂辉煌了。

这时节，远离了初入人世的纯真，带走了镶刻宝石的星辰。不清楚海有没有告诉你，我的梦在扬帆。悲鸣的飓风，你的潜力无言，如何牵扯出这样灿烂的朝阳？一袭轻纱舞动绝美身姿的百灵，何时吟唱清灵的天籁？

或许，一切都是因为梦想，这千古不变的追求。

季节告诉我，四月的春即将到来，一棵树代表一个追求。

于是，满心焦急地等待着，等着我的理想之树，骑着骏马飞奔而来。当然，这是一份细腻、微妙、独特的情思。

“我背着一份行李，蹒跚前行在人生之路。有时候，抬眼看前方，那是与我一样的背影：沉默而忙碌。”我从不被如沙的时光悄悄掩埋，我高调地生活，在密密麻麻的各色字体间穿梭，不厌倦，不放弃，偶尔发一点小脾气，毕竟我难以接纳千山万水的敞怀。

我选择让载满青春与梦想的树种款款入泥，与天地交融，与万物感悟赐惠的哲理。

我坚信，相信自己，把握机会，智慧的花会遍布世界各地，我的梦想终会开花结果。那时候，山里是花的世界。我的理想之树不会卖弄自己的妩媚，它会收敛光芒，等待万物凋零，再大放异彩。瞧！沁人肺腑的馨香永远会让成长的我抛弃舒适温暖的城市，去空荡贫瘠的山里寻找我的自由、我的信念、我的理想！

也许，当我站在秋天的尾巴上，我才会懂得梦想如风筝，总会遇上进退两难的困境。然而，最美都是从凄凉中产生的。眼前这喷薄的绿总会守住它的绿意，因为这是生命之火愈燃愈烈的延续。

拂尽世俗尘埃，静静地观望冲天的理想。也许，成长的我们在此应该寻找最富有诗意和梦想的生活，寻找深藏在星辉斑斓里的美好。

是谁说过，我们不该庸庸碌碌地生活，我们应该怀揣坚定的理想，大步向前。在热闹中陷没，在华美中痴迷，在欲望中挣扎。“那榆荫下的一潭，不是清泉，是天上虹；揉碎在浮藻间，沉淀着彩虹似的梦。”流连在这盛景前，我们细细品味的都是无悔。

看庭前花开花落，望天边云卷云舒。还不如，捧着一卷诗书，品着一杯花茶，倚着葱翠欲滴的理想树，萌动我们生生不息的梦想。大步向前吧！听取心灵的召唤，我们绿色的希望紧随其后。

小贴士

在丰富多彩的学习生活中，我们经常会参加各种各样的活动，如朗诵、演讲、辩论、社会调查……如何准备文本？怎么个性表达？这就需要我们积极参与、亲身体验、大胆思考、勇于尝试。以上文本的表达，对你应该有所启发吧？拿出你的笔，写一篇独属于你的得意文章！

二、“红楼”社团谱新篇

楔子

姜堰二中有个乐学红楼社团。对此，很多人都非常惊讶和好奇。

越剧《红楼梦》的主要曲作者顾振遐先生是著名的戏曲音乐家、艺术家、戏剧家和理论家，系姜堰二中首届杰出校友。顾先生为开创越剧新时代“定腔定谱”、奠定徐派唱腔做出了不可磨灭的贡献。顾先生生前创作的越剧《红楼梦》及其他作品的原始手稿1000余份，以及大量照片和影像等珍贵资料全部被无偿捐献给母校——江苏省姜堰第二中学，以支持母校的文化建设。

为不负校友的一片丹心，不忘自己的责任与使命，弘扬中华传统文化，提升师生人文素养，感受一衣水袖缥缈的神韵、吴侬软语温婉的诗情，我们依托省级课程基地——越剧《红楼梦》音乐艺术馆人文艺术素养课程基地，开创性地呈现丰富多彩的《红楼梦》社团活动，确保“人人有社团，社团传《红楼》”，让师生一起成为弘扬传统文化和建设省级课程基地项目的传承者、见证者和参与者。

篆刻、剪纸社团

（一）社团简介

“篆刻”是普通高中阶段美术科目中的一个内容系列，是在义务教育阶段美术课程学习基础上更高层次的拓展与延伸。篆刻的鉴赏和实际应用活动能帮助学生在欣赏、鉴别与评价篆刻作品的过程中，逐步提高审美水平，形成热爱本民族文化、尊重世界多元文化的情感和态度。

篆刻、剪纸社团是依托姜堰二中的红馆建设而成立的，课程的开发和应用也是围绕校园文化建设而展开的。社团的发展既切合国家现阶段文化教育的发展，也符合打造具有特色的姜堰二中的校园理念，旨在推动姜堰二中向更高的教育教学领域迈进。

篆刻、剪纸社团主要以名著《红楼梦》中的诗词、名句和人物为基础进行篆刻和剪纸的创作，旨在培养学生的审美能力、审美态度、创新能力、创造能力、技术技巧等核心素养。

（二）作品赏鉴

第一组：金陵十二钗剪纸鉴赏（吴辉剪纸艺术）

薛宝钗

林黛玉

王熙凤

贾元春

贾探春

李纨

鉴赏品评

这些作品的构图简洁明快、粗细有致、构思巧妙，每一个人物形象在剪纸人的手中都尽显丰满圆润。神态、衣着、动作在剪刀与纸张的游走间，在人物与心灵的碰撞中，在线条和轮廓的展示下，一看便知晓，一览便动情。

薛宝钗：以扇子为主题。薛宝钗是曹雪芹先生口中的“杨玉环”，其富态美最为突出。薛宝钗怕热，扇子是其随身之物。以扇子区分人物，非常适合。

林黛玉：她一只手撑着石块，另一只手虚扶着脸颊，生动表现出其娇弱柔美、弱不禁风的情态。

王熙凤：香炉升起缕缕烟雾，一女子正抚着头上的簪花，陷入沉思状。头顶珍贵的发饰，额上系有一抹额，衣着上绣有繁复的花纹，这些都暗示了女子高贵的身份，凸显出她操劳持家、生活奢侈的形象，可谓特点鲜明。

贾元春：以华贵为主题，突出其背景为宫闱富贵之地，同时刻画出她的孤独和无奈。皇宫深似海，唯有身在其中方知。

贾探春：以芭蕉叶为背景。贾探春居住在秋爽斋，她的居住之地内尤以芭蕉叶最为突出。贾探春的性格直爽，需要芭蕉叶进行中和。芭蕉叶性寒，味甘、淡，十分适合她。

李纨：画面中，一妇人正在陪童子读书。这正交代了李纨丧夫，只有一子留存的背景，而李氏族中男女都读诗书，故以读书的场景展现，人物鲜明。

（宋雨菲）

第二组：印章艺术鉴赏（陈余根印章）

一室琴书半窗花鸟

为学尽其极
为事必得其全

青春作伴好还乡

悟妙

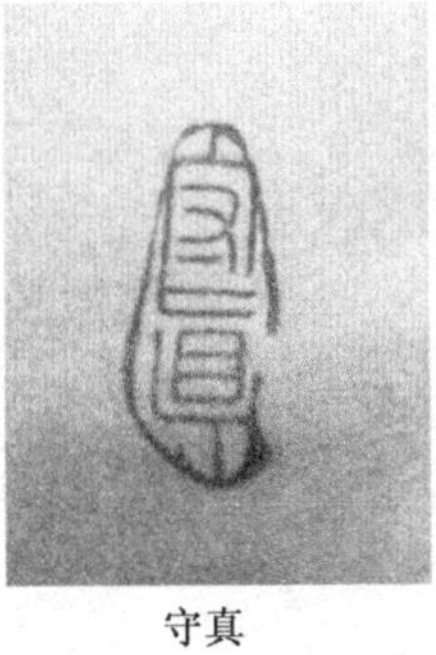

守真

天乐

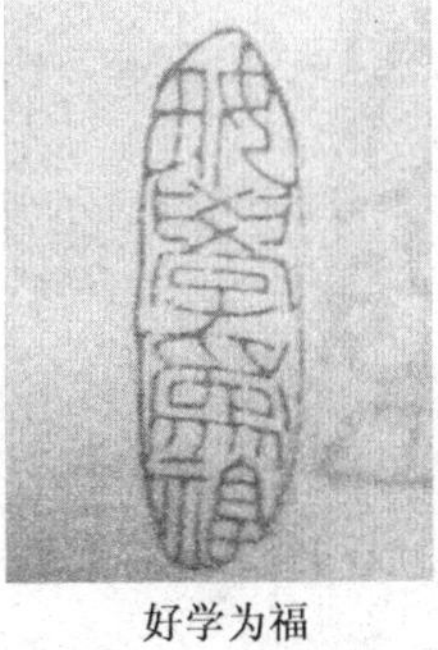

好学为福

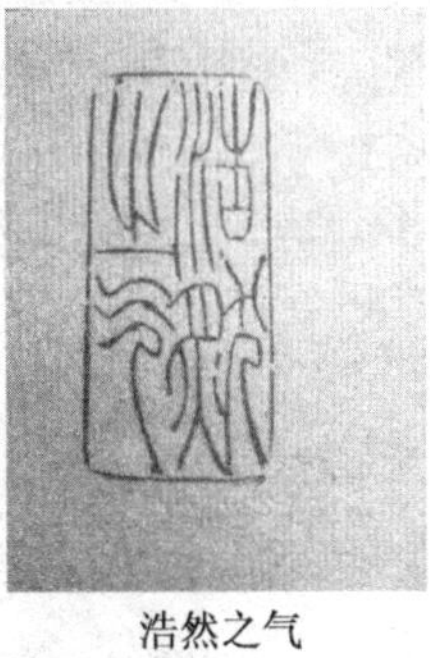

浩然之气

法真

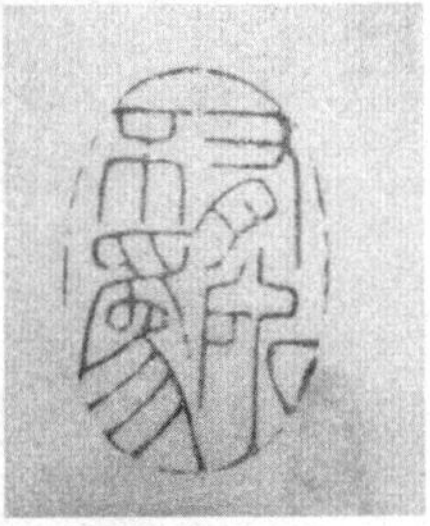

有所不为

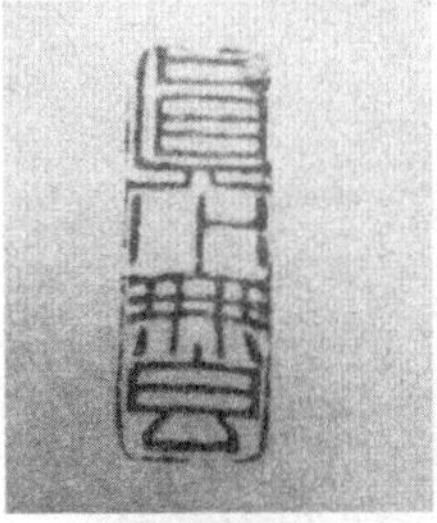

真水无香

亦是一乐

鉴赏品评

篆刻是一门有着数千年历史的古老技艺。作者仅凭一柄刻刀腾挪于方寸之间，孕育出山海气象，传达出人生智慧。这些作品古穆典雅、字体多样、形式丰富、气质非凡，尽显创意，充分彰显了汉字的力与美。

（窦　峥）

书法艺术社团

（一）社团简介

写字急躁不得，只有排除杂念，才能做到专心致志。当然，一个人如果不细致、没有全局观，也是不可能写好字的。书法被誉为无言的诗、无声的乐、无图的画、无形的舞。学习书法除了可以提升自我内在修养、提高品位外，还可以从一个侧面了解中国传统文化的博大精深。写好字，做好人，这就是书法教育最重要的目的。

书法艺术社团主要以经典名著《红楼梦》为创作内容，选择合适的创作书体，遵循“临摹—集字创作—章法训练—出帖创作”的流程，激发学生的热情与兴趣，以练字达到育人的目的，让学生充分体验书法艺术本身的魅力。

（二）作品赏鉴

书法鉴赏　（王颖书法）

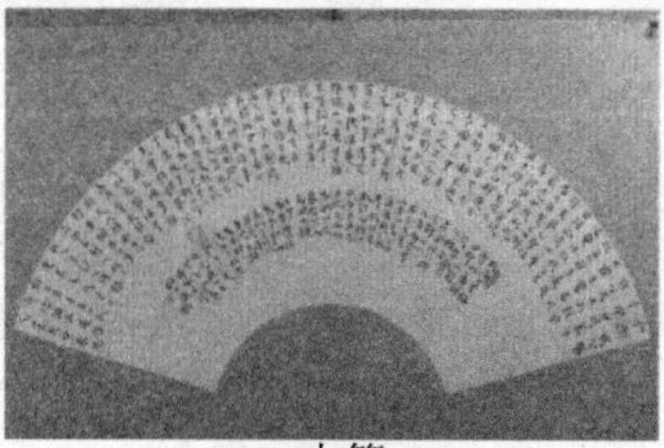

大篆

隶书

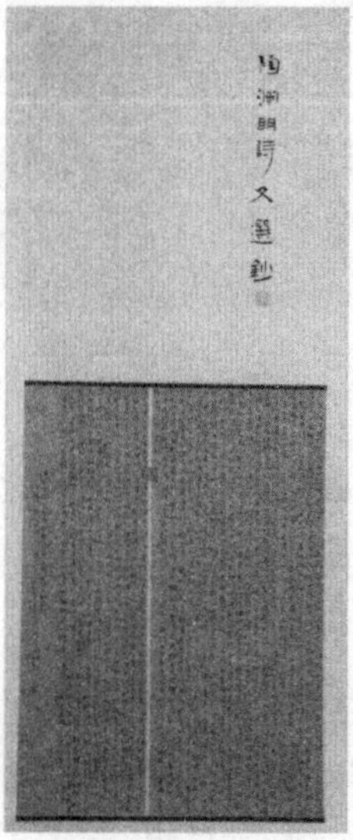

小楷

鉴赏品评

中国书法历史悠久，书体沿革流变，书法艺术异彩纷呈。篆书、小楷……老庄思想、魏晋名篇、唐诗宋词……从表现形式到文字内涵，中国书法将传统经典的元素兼收并蓄，用创新的手法表达，质朴而显新意，形神兼备。

大篆作品布局整齐恢宏，用笔八面出锋，干湿分明，浓淡相间，变化万千，不仅能使作品富有节奏感，也能表现诗歌内容中壮阔的景象。

隶书作品偏于自由奔放的风格，将隶书与行草结合，每一个字都"飘若浮云，矫若惊龙"，将刚强之美与阴柔之美结合得恰到好处。

小楷作品尺幅较小，却耐人寻味，清新典雅，平和简静，展现了"小中见大"的气象。

（杨博涵）

绘画艺术社团

（一）社团简介

在绘画艺术中，色彩是最重要的元素。《红楼梦》的一个主要特点就是注重色彩美，而绘画美正是通过色彩表现出来的。

在中国古典文学史上，《红楼梦》是一座不朽的丰碑，是曹雪芹集小说、诗歌、绘画等众多艺术于一体而创作出的宏伟巨著。在这部作品中，我们还可以找到建筑、园林、刺绣和纺织等多种艺术。曹雪芹在创作的时候运用了大量的色彩，用以表现人物性格、刻画环境及展现故事情节，让小说变得有血有肉，充满张力。

学生运用绘画的方式来表现《红楼梦》的故事，既增强了对文学作品的理解力，激发了学习语文的兴趣，又培养了审美情趣，使身心得到全面发展。

绘画是培养学生创造能力和高尚情操的重要手段。学生乐于用绘画来表达自己的感受和内心意愿，在创作中发挥潜能，建立自信，享受成功。绘画让学生在发现美、感受美、表达美中，感受快乐、释放情感，以艺术的熏陶来完善人格。

（二）作品赏鉴

第一组：水墨画鉴赏（王兴来水墨画）

1.《满纸荒唐言图》

鉴赏品评

铺辛酸为纸，研鲜血做墨，曹雪芹静坐桌前，烛下疾书。该画作生动地展现了《红楼梦》一作是如何诞生的。只见一人一桌一灯，小小的画面却包含了无限韵味。我们观得曹雪芹穿着朴素的衣裳，左手端着水或酒，右手紧握毛笔，垂眼思索着纸上之言，而面前的蜡烛在不断燃烧。右边题着的曹雪芹的诗“满纸荒唐言，一把辛酸泪。都云作者痴，谁解其中味”，更是将曹雪芹的无尽辛酸展现在我们面前。通过这幅画作，我们可以悟得，正因为有十年如一日的创作，这般潜心，这般呕心沥血，才最终成就红楼一梦。

（王欣彦　陈昕瑶）

2.《曹雪芹西山著书图》

鉴赏品评

此画多采用泼墨手法，落笔大胆、点画淋漓、水墨浑融、气势磅礴，同时具有厚重的立体感与质感。用笔自然有力，有变化也有联系，空灵且不失凝练，轻松之中不缺厚重。以墨作底色，以青绿作点缀，以群山为背景，松与群山相得益彰，人与自然融为一体，以全景式的构图彰显了自然的恢宏气势。西山、松树、飞鸟、一间茅草屋、一个人、一支笔，人与自然和谐共生。树木在山石中、在瀑布之间穿插，使得此画似仙境。这幅画让我们深刻感受到曹雪芹先生内心的宁静与安详，好似他诗中的景象“花影不离身左右，鸟声只在耳东西”，足见作者之深厚功底。

（秦菲阳）

3.《风定池莲自在香》

鉴赏品评

暑气已然袭来。寻一处清凉地，来安放心灵。画，是外在客观事物与画家内心交织而成的。此画以宽大荷叶为主体，多采用湿笔，取法自然。荷花以细笔勾勒，掩映在荷叶之中。荷干亭亭玉立。荷叶宽硕，由荷梗擎住托出水面，在水汽弥漫的氛围里伸展自如、千姿百态。左下角微波荡漾，生灵也享受着荷花的芬芳。画作以横幅的形式，展现了动与静的美妙结合。秦观有言“风定池莲自在香”。荷花新开，何不漫步池边，让灵魂栖息于此。

（吴玉雯）

4.《听梅花消息》

鉴赏品评

明月远远地亘在天边，一孤墨梅在月下盘虬恣意，傲然于雪天之际，饱满而不乏灵巧。朵朵梅花兀自绽着，它们凌驾于严寒之上。老翁倚杖静伫一旁，眉须若雪，衣袍色玄。长杖顶拴着的葫芦里盛着的不知是酒还是岁月。老翁凝视着墨梅，眼眸中望见的会是王冕的砚池吗？沧桑心灵间吟咏的会是林逋的诗吗？不知道。或许，当玉色月辉映满夜空，洁白漫雪铺满大地时，翁与梅、诗与酒早已共蜕于天地之外。老翁只是静静地伫立，倾听着梅花诉说春的消息。

（石浩禹）

第二组：油画与花鸟画鉴赏（徐祝瑾画作）

1.《孔雀竞妍图》

鉴赏品评

“孔雀东南飞，五里一徘徊。”孔雀，传说是凤凰幼子。雄有尾翎，华美艳丽。画中两只神鸟，一雄一雌。雄鸟头微抬，似是回望雌鸟，又像是倨傲地藐视似锦繁花。此画中孔雀尾部被刻画得最为精妙，是画面主体，不仅根根分明，每一片羽毛都被交代得清清楚楚，而且明显呈现出一种动态。尾翎呈半开半闭状态，似在缓缓展现它那世人可望而不可求的美。

“唯有牡丹真国色。”画中牡丹似是孔雀的陪衬，其实不然。牡丹的刻画与描绘确实不如孔雀精细，是采用泼墨写意的笔法，但牡丹确实是整幅画面里不可或缺的部分。在水墨画中，丹和青能展现颜色上的协调之感，而在该幅画中，盛放的牡丹也有与孔雀争艳之感。

此画布局侧重下部和中部，上部有明显留白，使画面既有“春风得意马蹄疾”之感，又不显得臃肿，贵气又不俗气。

（陈彬鑫　王静雯）

2.《水乡风情》

鉴赏品评

这幅画勾勒出了水乡的婀娜多姿。“氤氲浮远岸，楼宇卧波间”，一叶小渔舟停靠在岸边，鹅鸭在河边相映成趣，使人感受到一种超凡脱俗的宁静，让人着迷，使人神往，令人陶醉。这幅画作以绿色为主调，多种层次的绿色迭出水乡的清新、古朴、神秘……细看，葱郁的林木后一排房屋若隐若现，青砖黛瓦，白墙粉壁，好似待字闺中的羞涩少女，为画作增添了几分灵动。作者别出心裁，把握住了水乡最鲜明的特征；画作意境深远，惹人遐想，让人不禁想拨开她朦胧的面纱，起身探寻水乡的风情。

（吉海露）

这幅画画风优美，墨色交融。充满特色的江南民居沿湖岸错落有致地排立。湖面之上，小船静静停泊于岸边。和谐而清新的色调、宁静而恬淡的境界，使画作产生了一种抒情诗般的感染力。画中包含了江南水乡最具代表性的艺术元素——流水、民居、林木、田野、渔舟，并将它们演化为多变的艺术组合，展现出江南水乡特有的灵秀、清丽、润泽之美。丰富鲜明的色彩基调，与画面中江南山水的秀润灵动、烟雨朦胧，契合交融、相得益彰，进而与观者共鸣共情，给观者的心灵带去南国水乡自然远游畅神之感。

（黄雨桐）

3.《蜂飞蝶舞》

鉴赏品评

此幅画画面色彩对比明显，将鲜明的粉橙色调与墨点的灰暗色调形成对比，突出了花朵的艳丽。画面又以一蜂一蝶在花间飞舞嬉戏点缀，显得生机勃勃。一蜂一蝶虽是画中之物，却生动、有灵气。此画重视形似，但又不拘泥于形似，有鲜明的“不似而似”之感。作者运用丰富的技法，笔简意浓，态随意变，一转一束都有意趣，仅以寥寥数笔，就生动形象地描摹出了一幅“蜂蝶戏舞花丛间”的美景。画中虽然只有三两枝花和一蜂一蝶，却蕴意无穷，颇有“蝶舞花间催酿蜜，蜂飞玉蕊万重生”的韵味。

（宋月娥）

4.《竹鸟》

鉴赏品评

西窗下，风摇翠竹，疑是故人来。

青墨山石铺垫在画面底部，两根生机勃勃的竹子从右侧斜出，竹叶修长细美、清雅脱俗，竹枝中通外直、劲秀挺拔。地下苔痕浓淡，以皴染手法表现山石脉络纹理，更富立体质感，衬得碧森森的两竿竹愈显葱郁。

左侧高起的山石上，两只小鸟平行而立，右边的一只脑袋稍稍向下，似乎在倾听着对方说话；左边的一只小鸟昂首挺胸，向对方诉说着欢喜。

值得一提的是，山石上点点的竹笋如小荷般“才露尖尖角”，用宝蓝色点染，使画面增添了几点亮色，增强了灵动之感，亦象征着竹笋勃勃的生命力与活力，是整幅画的一大特色。

这幅青翠的竹鸟图，构图新巧，笔墨酣畅，生机盎然，清新秀丽，雅俗共赏，正应了苏舜钦“帘虚日薄花竹静，时有乳鸠相对鸣”之趣。

（钱　缘）

整个画面的颜色以青绿色为主，浓淡相宜，尽显画面的层次感。作者善用侧锋，勾勒出石与竹叶的情态，以墨色浓淡表现出新老竹叶的参差之感。其笔法有力而又洒脱，显竹之苍劲，让人不禁联想到郑板桥的一句“咬定青山不放松，立根原在破岩中”。鸟儿成双立于石上。竹，婆娑而动；鸟，憨态可掬。竹笋冒出点点新绿，蕴含生机。每一寸破土的嫩绿，都歌颂着山野不朽的生机。

林间苍翠，画中墨色，竹节相接，鸟语清脆，君子情怀，凝结在此。

（蒋抒文）

戏剧表演社团

(一) 社团简介

戏剧、课本剧和情景剧集音乐、舞蹈、文学、美术等多门学科内容于一体，从编到演，既可调动学生的积极性，又可加深学生对课文内容的理解；既可教会学生编写剧本，又可提高学生的写作水平；既可通过表演与评论来增强学生的口语交际能力，又可陶冶学生的情操，启迪学生的智慧；既可激活课堂气氛，又可繁荣校园文化。

社团目标：

(1) 熟读故事情节，把握人物性格和故事主旨，体会故事中人物的语言、动作、表情、心理，为更好地表演做准备。

(2) 认识《红楼梦》这一部经典作品选段中的剧情、人物形象、人物性格等，理解这些人物形象的社会意义，培养对文学作品、戏剧作品的欣赏能力。

(3) 在客观把握和认识自己的前提下，认识到：只要不懈追求，努力进取，即使身处逆境，也终能实现自己的理想。

(4) 培养合作探究、口语表达、独立创新的能力。

(二) 作品赏鉴

经典越剧《红楼梦》片段
《天上掉下个林妹妹》欣赏

[演唱：徐玉兰（饰贾宝玉）、王文娟（饰林黛玉）]

贾宝玉：天上掉下个林妹妹，似一朵轻云刚出岫。

林黛玉：只道他腹内草莽人轻浮，却原来骨格清奇非俗流。

贾宝玉：娴静犹如花照水，行动好比风扶柳。

林黛玉：眉梢眼角藏秀气，声音笑貌露温柔。

贾宝玉：眼前分明外来客，心底却似旧时友。

贾宝玉：天上掉下个林妹妹，似一朵轻云刚出岫。

林黛玉：只道他腹内草莽人轻浮，却原来骨格清奇非俗流。

贾宝玉：娴静犹如花照水，行动好比风扶柳。

林黛玉：眉梢眼角藏秀气，声音笑貌露温柔。

贾宝玉：眼前分明外来客，心底却似旧时友。

作品赏析

越剧《红楼梦》中的经典唱段《天上掉下个林妹妹》，取材自中国“四大古典名著”之一的《红楼梦》。这是一段越剧中徐派小生和王派花旦的对唱，讲述的是林黛玉初入贾府，与贾母等人问候过后，看到还愿归来的贾宝玉时，其与贾宝玉在相互见礼中各自的内心活动。

贾宝玉（徐派）：高亢响亮，唱腔旋律起伏很大，唱法上柔中带刚，华彩俊逸，洒脱流畅，感情炽热，曲调大起大落，跌宕明显。

林黛玉（王派）：自然流畅，平易质朴，情意真切，韵味醇厚，俏丽多变，跌宕婉转，富有表现力。

越剧长于抒情，以唱为主，声音优美动听，表演真切动人、唯美典雅，极具江南灵秀之气；多以“才子佳人”题材的戏为主，艺术流派纷呈。

（窦　峥）

灯谜社团

（一）社团简介

《红楼梦》是古典小说的巅峰之作，具有丰厚的文化底蕴和浓烈的生活气息。作为传统文化活动，制灯谜、猜灯谜，老少咸宜，雅俗共赏，丰富了人们的生活，可以开阔视野、锻炼思维、增长智慧、愉悦情操；既有助于个体的发展，又有助于文化的传承和弘扬，也符合新课标的指导思想。

（二）活动展示

《红楼梦》灯谜解析

谜面：官商合一（打一《红楼梦》人名）

谜底：贾政

解析：“贾”为商人，“政”指官，“官商合一”即“贾政”。

谜面：借问酒家何处有（打一《红楼梦》人名）

谜底：探春

解析：借问酒家何处有，牧童遥指杏花村（春）。春酒指美酒，问酒即“探春”。

谜面：可怜花落去（打一《红楼梦》人名）

谜底：惜春

解析：“可怜”为“惜”，“花落去”指春色凋零，“可怜花落去”即“惜春”。

谜面：爆竹声中辞旧岁（打一《红楼梦》人名）

谜底：迎春

解析：辞旧岁，迎新春，即“迎春”。

谜面：洞中云气袅袅起（打一《红楼梦》人名）

谜底：岫烟

解析：“洞”为“岫”，“云气”为“烟”，即“岫烟”。

谜面：晴空万里彩云飘（打一《红楼梦》人名）

谜底：晴雯

解析：“晴空万里”对应“晴”，“彩云”即“雯”，即“晴雯”。

谜面：黄袍加身者（打一《红楼梦》人名）

谜底：袭人

解析：“黄袍”指的是皇上穿的袍子，为真龙天子穿的衣服，上龙下衣即“袭”；“者”字义为“人”，即“袭人”。

谜面：寒从夜半起（打一《红楼梦》人名）

谜底：冷子兴

解析：“夜半”指“子时”，“寒”为“冷”，“起”为“兴”，即“冷子兴”。

谜面：话说湖南千古事（打一《红楼梦》人名）

谜底：史湘云

解析：湖南简称“湘”，“千古事”为“史”，“云”有说之意，即“史湘云”。

谜面：八月黄花六月开（打一《红楼梦》人名）

谜底：夏金桂

解析：“八月黄花六月开”指的是金黄色的桂花在夏天开放，即“夏金桂”。

谜面：夜半枝头，残红四五点（打一《红楼梦》人名）

谜底：李纨

解析：“夜半”指“子时”，“枝头”的“枝”前半部分为“木”，“夜半枝头”指的是“木”与“子”组成的“李”。“残红”指的是“红”字残缺了，剩下“纟”；“四五点”，“四点”加上“五点”即“九点”，组成字“丸”。“纟”与“丸”组成“纨”，即“李纨”。

谜面：穿尽红丝几万条（打一《红楼梦》人名）

谜底：巧姐

解析：古时七夕节女子会聚在一起比赛穿针引线，也叫“乞巧”。王熙凤女儿正是七夕出生，暗合“巧”字，即“巧姐”。

谜面：八方呈祥（打一《红楼梦》人名）

谜底：周瑞

解析：“八方呈祥”说明四周都呈现祥瑞景象，即“周瑞”。

茶文化社团

（一）社团简介

茶文化作为中国传统文化的一个优秀分支，以茶为载体，传播文化，反映出社会一定时期的精神文明和物质文明。茶文化既蕴含丰富的哲理思想，又包孕美学和艺术，博大精深。而《红楼梦》是一部百科全书式的巨著，书中反映的社会现实和风气，以及涉及的典章制度和衣着名物，包罗万象，精彩纷呈。以茶而言，小说所载形形色色的饮茶方式、丰富多彩的名茶品目、珍奇精美的古玩茶具及讲究非凡的沏茶用水，是我国历代文学作品中记载与描述得最全面的。故而有人说：“一部《红楼梦》，满纸茶叶香。”

茶文化社团主要是让学生通过阅读《红楼梦》，了解中国的茶文化概况，在学习茶文化的基础上，更好地品味《红楼梦》中深刻的文化底蕴，加强文学修养，并增加对中国传统文化的了解，从而提高人文素养。

（二）作品展示

茶表现不同的阶级生活

组长：张皓炜

成员：史安琪　李姝雅　刘姝倩

在《红楼梦》当中，茶的出现可以说是极其频繁的。整个贾府由身份尊贵的主人到身份低下的仆人都会喝茶，那么不同的人喝的是同样的茶吗？显然不是。不同阶级的人饮用不同的茶。

首先，从林黛玉进入贾府的第一天开始，茶就被展现得淋漓尽致。贾府的第一顿饭开始之前，首先就要上一碗茶，但这茶不是用来喝的，而是用来漱口的，接下来上的茶才是真正用来喝的。这便是贾府的一个规矩。从小说中可以看出，在林黛玉家中本没有这样的规矩，但入了贾府，寄人篱下，她只能顺着贾府的规矩办事。也只有像四大家族中的贾家这种大户人家才会有这样的规矩，换作平民百姓，便不会讲究这么多。由此看来，这漱口茶也是富人家的象征。

又如在第四十一回中，贾府众人前往栊翠庵饮茶，这当中也有很多可品之处。一是贾母不喝六安茶，只喝老君眉。在日常生活中，六安茶也算得上名茶了，理应配得上贾母的身份，但为什么贾母偏偏不喜欢呢？这里就应当更深层次地理解茶之中蕴含的文化了。首先，六安茶是绿茶，与当时的时节不符合。其次，贾母年事已高，人老便会思长寿。老君眉因长得像长寿的老人的眉毛，故得名；另一层含义，即喝茶者也会长寿。因此，贾母更喜欢老君眉。二是妙玉请宝玉几人喝茶时，他们泡茶的水，书中也有交代。贾母道："我不吃六安茶。"妙玉笑说："知道，这是老君眉。"贾母又问是什么水。妙玉笑回，是旧年蠲的雨水。从这里我们可以看出，贾府喝茶的水是有讲究的，并且像妙玉这样的尼姑对喝茶也是有讲究的。

在刘姥姥喝茶的这个片段中——贾母便吃了半盏，笑着递与刘姥姥，说："你尝尝这个茶。"刘姥姥便一口吃尽，笑道："好是好，就是淡些，再熬浓些更好了。"——刘姥姥具有劳动人民的质朴、善良的特性，尽管有些小算计，但也无伤大雅。从为人上讲，我宁愿学习刘姥姥，也不愿意向妙玉看齐。

所以说，茶无处不在，不管是繁华都市还是小镇乡村，是高门别墅还是平民陋室，几乎都有茶的飘香。无论是在精细青花的杯中，还是在陋盖粗瓷的碗中，无论是极品的龙井，还是自采的散叶，都会在沸腾的水里怒放，唤醒沉睡的精灵，复苏青春的活力，让人醉在其中、乐在其中、融在其中。

品茶看人生

组长：凌晨耀

组员：巫邵恺　卫孜泉　杨润

妙玉美丽聪颖，心性高洁，才华馥郁，品位高雅，却遭人嫉恨，举世难容。

妙玉在栊翠庵品茶这一回中正式出场。这一回中，曹雪芹通过妙玉的语言、动作及其他细节表现妙玉这个女子的形象。

妙玉出身读书仕宦之家，文墨也极通，模样又极好。出身、相貌、才学样样都出类拔萃，唯身体不好，买了许多替身替她出家也无用，于是进了空门，带发修行，在师父圆寂后进了贾府。

我们来看看妙玉在栊翠庵品茶这一回中的表现：首先是妙玉给贾母献茶。二人之间的问答表明她们两个熟悉，对对方的喜好习性了如指掌。其次是妙玉请黛玉、宝钗二人回房品茶，宝玉借机蹭茶。在这两个看似平淡的情节中，我们充分领教了什么是“富贵”。妙玉给贾母喝茶的杯子是成窑五彩小盖钟，给宝钗的更是晋王恺与宋苏轼收藏过的茶器珍品，连给众人喝的都是清一色的官窑脱胎填白盖碗。这些茶器用品非寻常人家所有。这其实是在暗示我们，妙玉绝不是出身普通的读书仕宦之家，必定是出身大富大贵之家。

妙玉的“洁癖”在此回展现得淋漓尽致：只因为刘姥姥尝过，她便准备将那名贵的成窑杯给扔了；宝玉要派人来给她洗地，她却不准那些小厮们进庵门；当宝玉请她将成窑杯赏赐给刘姥姥时，她甚至抛过一句恶狠狠的话：“幸而那杯子是我没吃过的，若是我吃过的，我就砸碎了也不能给他。”这一系列的怪异举动，让人瞠目结舌。还有一个细节，妙玉给宝玉的茶杯是自己平常用的。妙玉本已遁入空门，自言“槛外之人”。作为“槛外之人”，妙玉应该六根清净，杜绝七情六欲。但正所谓“云空未必空”，正值青春年华的美少女妙玉，尽管遁入空门，但面对“良辰美景奈何天”，内心又怎不会蠢蠢欲动呢？最明显的是她对宝玉的反常举动：她给黛玉、宝钗的是崭新的茶器，而把自己平时用的一个绿玉斗斟与宝玉。这新旧之中的含义自是不言自明。可惜的是宝玉并没有领会其中真意，反倒嚷嚷着妙玉偏心，把一件“俗器”给他，辜负了妙玉的一片心意。而其后妙玉的话更是玄机重重，她对宝玉正色道：“你这遭吃的茶是托他两个的福，独你来了，我是不给你吃的。”从中可见，妙玉并不是一个单纯的女子。

在《红楼梦》中，妙玉可以算得上是将矛盾体现得淋漓尽致的角色之一。其矛盾之一便是皈依佛门与心留红尘的矛盾。妙玉自言清白而又心向红尘的矛盾心理是曹雪芹的一大妙笔。

人生如一壶禅茶

组长：秦嫣瑾

组员：张明霞　李婷婷

“一部《红楼梦》，满纸茶叶香。”

茶，有冷暖，有浓淡，亦有悲欢。茶于众生心中，有不同的味道，或清甜，或悲苦，而于贾府来说，却是富贵与奢华的象征。

对于一个出生在“阿房宫，三百里，住不下金陵一个史”的名门望族史家的贾母来说，从小养尊处优，有良好的世家礼仪，后嫁入贾家。随着同辈人相继去世，贾母成了贾家唯一的大家长，所以老君眉对她来说最合适不过了。《红楼梦》中提到贾母喝茶是十分讲究的。或许，我们可以称贾母是懂得品茶之人。她用一颗出离的心品茶，便可以做到万事从容。茶，源自自然，集日月精华，吮天地灵气，沐春秋洗礼。懂茶之人，必是一个充满灵气之人，也是一个愿意让自己活得简洁的人，对待生死，无须畏惧。贾母深受儒家思想的熏陶，豁达面对生死，或许这也是从茶中悟出的。

宝玉，作为一个花花公子，神仙茶对他来说再合适不过了。但书中也提到了宝玉所饮的枫露茶、女儿茶，而且在晴雯死后，宝玉写给她的诔文中也提到了“谨以群花之蕊，冰鲛之縠，沁芳之泉，枫露之茗”。由此可见，只有宝玉这样的富家公子才能喝到如此名贵之茶。书中提到的枫露茶其实与“千红一窟”遥映。“千红一窟”寓为“千红一哭”，这不就是说群钗的眼泪吗？枫露茶既暗示了富贵，又隐含与群芳之关联。

至于黛玉，她多愁善感，龙井茶对她来说再合适不过了。当然，书中也提到了王熙凤给黛玉倒茶。我以为这茶赋予了爱情的寓意。中国古代婚俗中有“茶礼”这一项。黛玉虽是个品性单纯的孩子，但她读过不少书，应该知道这个礼俗。平时，她对茶叶并不在意，但当时宝玉、黛玉二人暗生情愫，黛玉便会细细想茶叶含义，也不觉羞红了脸。

小说还写到了妙玉奉茶。妙玉奉茶给贾母——茶是老君眉，水是旧年的雨水，但贾母喝了一半就给了刘姥姥。刘姥姥说：“好是好，就是淡些。”或许妙玉是有洁癖之人，她想把刘姥姥喝过的茶杯扔了，但被宝玉制止了。妙玉叫来宝钗、黛玉，给她们喝“体己茶”，用梅雪泡的茶，恰是描绘出槛外人不落尘俗之景。而后宝玉来了，妙玉想必对宝玉有私情，将自己用的绿玉斗给宝玉。但我想这种偏爱纯自然，一派天真。

令我印象最深的还是晴雯喝下的最后一碗茶。“渴了半日，叫半个人也叫不着”，晴雯恹恹弱息时，宝玉前来探望。此时的晴雯悲恨交织，多种情感涌上心头。宝玉看到桌子上放着一个黑沙吊子，未到手中，只闻得油膻之气，所谓茶也是绛红的，只味苦涩，并无清香。晴雯的最后一碗茶，好不凄凉。

红楼之人，有多少能将茶品得云淡风轻？

小贴士

法国作家巴特认为，作品在完成之际，作者就已经“死亡”，剩下的文化创发工作，就是读者的权力了。所有的阅读活动，都是读者心灵与一个写定的“文本”的对话，价值就在这个过程中被创造出来。《红楼梦》是一部经典，演绎《红楼梦》的方式也多种多样。我们的社团活动中，师生作品的表现形式多姿多彩。如何做一个懂得欣赏的艺术品评者？你能写出你的个性化赏析文字吗？

三、高扬“东线第一帆”

楔子

上下同心，高扬“东线第一帆”；师生携手，一起跑步进高三。步履山河，壮志在胸；不负流年，海阔天空。

2021年5月24日，高二年级举行“高扬‘东线第一帆’，携手跑步进高三”的活动，激励学生胸怀“争第一、创一流”的大志向，激发“一条心、一股劲”的正能量，精彩呈现了我校的本真教育理念，体现了姜堰二中人“亮剑新高考，实现新超越”的决心。

青春赞歌

——亮剑新高考，实现新超越

孙长春

（一）

暖风吹过的季节，天空清澈如洗
柳絮漫天飞舞，飘落在悄然萌动的大地
生命如蚯蚓般在土壤里蠕动
勃发的乐曲在心田里流淌
青春的赛场上
激昂着矫健的步伐
年轻的我们，拥有着始终不变的誓言
年轻的我们，将坚定的目光投向更远的地方
起跑线上
出发的那一刻起，我们注定要追着东升的朝阳
雷雨般的鼓声响起，舞动的红旗随风飘扬
刚毅、自信的脸庞

在等待胜利的曙光
紧握住那一滴汗水，任天海茫茫
颗颗晶莹拥挤在眼眶
只为伴着鲜花与掌声那一刻的到来

（二）

其实，青春本不是我们这一代的专属词汇
早在百年前，就有一群热血儿郎在吟诵属于他们的青春
百年前，有一本杂志叫作《新青年》
百年前，有一群人叫作中国共产党人
百年前，有一种热血叫作振兴中华
百年前，有一种精神叫作发愤图强
以青年纯洁之躬，饫尝青春之甘美
浃浴青春之恩泽，永续青春之生涯
进前而勿顾后，背黑暗而向光明
为世界创文明，为人类造幸福
致我为青春之我，我之家庭为青春之家庭
我之国家为青春之国家，我之民族为青春之民族
这是早期共产党人的宣言
也是吾辈青年之楷模的宣言
于是我们不忘本真，勇于超越
由此我们勤学乐学，求实创新
我们用勤劳、用智慧，进行又一次辉煌的开拓
我们用努力、用进取，始终保持着斗志昂扬、朝气蓬勃

（三）

青春无悔，既然选择了蓝天，也就选择了飞翔
哪怕有一天会有一双带血的翅膀
青春无惧，既然选择了拼搏，也就选择了坚强
哪怕会有荆棘丛生在未来的路上

青春，从我们选择了以后便定格了人生的航向
青春，从我们选择了以后便注定了奋斗而无常
青春，从我们选择了以后便迎来了风雨兼程
青春，从我们选择了以后便变得绚丽而辉煌
看，跳动的火焰，正是青春之花在怒放
听，欢乐的脚步，正是青春旋律在激扬
热血，在青春躯体里不知疲倦
激情，在青春肢体上刚劲而轻盈
让我们高唱青春赞歌
一路欢声，一路歌唱
追逐梦想，奔向远方

步履山河，无问西东

——致姜堰二中高二全体学生

游　忠

77 公里，现在我们身处的渡江战役东线第一帆主题公园距离学校 77 公里。“打过长江去，解放全中国”的宏伟壮举就是从这里开始的。今天，我们来到这里举行“高扬‘东线第一帆’，携手跑步进高三”的活动，就是想让这滔滔江水做证，让这“东线第一帆”做证，从今天开始，你们就是高三的学生了，在接下来的一年时间里，你们要发扬“团结一致、同舟共济，不畏艰险、勇于拼搏，坚韧不拔、敢于争先”的渡江精神，延续高考辉煌路，走好新时代长征路。

姜堰二中是一所诞生在抗日烽火中的学校，你们身上流淌的是革命的热血，你们传承的是不畏艰难、敢为人先、创造奇迹的超越精神。今天我们到这里重走长征路，二中人就应该走出“红军不怕远征难，万水千山只等闲”的豪迈气魄，走出中国读书人的刚毅与风骨，走出中华民族的血脉偾张。

一是要怀揣坚定不移的人生梦想。当下我们正处在一个人人皆可有梦，而且完全可以梦想成真的时代。这个时代，我们不仅有中华民族伟大复兴的中国梦，也有我们学校正为之奋斗的“高品质示范性高中梦”，而

你们每个人更是有着属于自己的梦。心中有梦想，眼里就有光芒，脚下就坚定，手上就有力量。希望你们每个人都在心中为自己规划一个未来，并朝着这个目标去努力。当你倦了累了时，你就想想你闪着光的人生梦想，就会重新拥有力量。还有什么能浇灭一个青年心中的火焰呢？还有什么能阻碍一个青年追梦未来呢？

二是要保持激情奋斗的前进姿态。王安石在《题张司业诗》中说：“看似寻常最奇崛，成如容易却艰辛。”那些峻峭挺拔的参天大树必然经受了更多的风霜和雨雪，那些开在大漠里的马兰花必然拥有最深厚的根基、最顽强的毅力，那些攀登得更高、行走得更远的人们必然付出了更多的辛劳和汗水。你们要想在一年后的高考中获胜，就要像“东线第一帆”一样，顽强勇敢、一路向前。人类的一切进步都需要拼搏，人生的一切成功都需要奋斗。希望你们始终保持一往无前的姿态，在激情奋斗中战胜学习道路上的迷茫，创造无限可能。

三是要勇担中华复兴的青春责任。青年兴则国家兴，青年强则国家强。作为新时代青年，你们要以不畏惧展现青春模样，以不退缩彰显青年担当，以青春之我、奋斗之我，担青春责任，创青春中国。不要以学习作为借口逃避责任与担当，你们的价值也绝不仅仅是试卷上的一个个分数。你们应该拥有更大的人生格局。心中有家有国，才能与时代同行、与世界拥抱。如今的你们，已经站在世界舞台的中央。面对中国变革发展的伟大时代，你们的人生更应在磨砺中出彩，在奋斗中闪光。

千里之行，始于足下。今天，我们来到这里，就是在行走中挑战自己的能力、磨炼自己的意志、激励自己的精神。同学们，接下来的一年时间，你们可能会比较辛苦，但是李大钊先生说过：青年之字典，无“困难”之字。想想今天走过的路，想想未来要走的路，既然选择了步履山河，那便无问西东。愿你们都能不负流年、不悔时光。

浅夏盛流年，青春染芳菲

吴锦彤

季节的转角处，时光静默不语，仿佛只是一瞬，就遇见了夏天。热浪鼓动着旋律，也鼓动着同学们正青春的心。就这样，我们满怀期待，踏上征程。

经过一个多小时的车程，我们抵达了靖江牧城公园。下车集合后，同学们在教官的带领下便开始了长达五公里的越野拉练。骄阳炙烤着大地，灼光肆虐着皮肤。今年的夏季，比以往来得快了许多，也热了许多。五公里的快走，也许很苦，也许很累，但这并不能阻挡我们前进的步伐。年轻的我们，穿过林荫，跨过江畔，在烈日下奔走，在江风中挥袖，纵山河大海，亦一往无前。

中午，我们顺利抵达“东线第一帆”公园，于指定地点席地而坐。“东线第一帆”公园是为纪念渡江战役而建立的。十几艘船帆雕塑向南而立，庄严而肃穆地矗立于江风之中，仿佛此时的静寂只为下一刻的震天撼地。

在孙校长的主持下，“高扬‘东线第一帆’，携手跑步进高三”主题活动拉开序幕。国歌响起，同学们全体起立，高唱国歌，句句含热泪，字字富深情。

十九名同学为大家带来诗朗诵《青春赞歌》，掷地有声。在优美饱满的诵声中，我们感悟青春，歌颂青春，享受青春。

“天地英雄气，千秋尚凛然”，靖江电视台的主持人陈老师为我们讲述了当年战士们历尽艰险，南下渡江的英雄故事。我们要秉承这精神，牢记这使命，在新时代创造我们的新力量，走好我们的新征程。

党员教师在游校长的带领下重温入党誓词，各班团支部书记在团委宋书记的带领下重温入团誓词。这一幕幕让人热泪盈眶，也更加坚定了我们前进的方向和为国而奋斗的信念。

“跑步进高三”年级旗帜交接仪式正式开始。游校长为我们敲起催人奋进的锣鼓。在激昂的鼓声中，各班班长传递旗帜绕班级一周。伴着嘹亮的口号声，高二学子正式步入高三的殿堂。

游校长给新高三年级寄语，希望我们全体同学发扬渡江精神，延续高考辉煌路，走好新时代长征路。

短暂休息之后，便是团建活动。九百多名同学在教官的引领下做游戏。我们围成一个又一个同心圆，在音乐声中一齐紧握绳子画圈。绳子上下翻舞如波涛起伏。虽经历过几次失败，但大家一起努力，顺利完成了任务。这次活动，考验了我们的体能，更培养了我们的团队意识。

团建活动后，学生代表来到草坪中央畅谈心得，发表内心的感悟与总结，为一天的拉练画上了圆满的句号。

风云散尽，尘埃落定。靖江拉练落下帷幕，同学们虽挥洒了汗水，但收获了喜悦。这次活动，将“重温英雄历史”与“跑步进高三”结合起来。我们定当秉承先烈之意志，传承中华之精神。

我们已高三，我们正青春！

小贴士

泱泱中华，源远流长。红色文化是我们民族的根和魂，流淌于血液，焕发为精神。每一寸黄土都承载着一段厚重的历史，都有着许多可歌可泣的英雄故事。当代青年的担当意识在你的笔下如何书写？

四、放飞理想箭在弦

楔子

箭在弦上，引弓待发，且看我辈追风折桂；志存云间，展翅将飞，只待明朝揽月摘星。2021 年 11 月 18 日，高三全体师生在“溱湖绿洲 · 小杨人家”省运会射箭场举行 2022 届高考倒计时暨放飞理想活动。活动地点选择在省运会射箭场，取意“箭在弦上，蓄势待发”，让我们的理想犹如蓄势待发的满弓上的一支“利箭”，直指苍穹。在所有人的见证下，同学们把承载理想的气球放飞天空。伴随着孙校长的倒计时、同学们的欢呼声、激情的音乐声，理想飞向高空、飞向远方……

荆轲刺秦王新传之利箭行动

孙其然

“弩发若碧涛吞日，矢飞超电掣风驰”，我喜欢箭，不仅因着它矫捷的身姿，更是由于它对目标的精准把握、蓄势时的韧劲与巧劲兼蓄、发力前的镇定从容、离弦时的自信果敢。

锋利的箭击中目标，这是荆轲所愿。透过历史的烟云，我看到了，他搭箭、扣弦、开弓、瞄准、脱弦，我屏住呼吸，我感同身受，我呐喊助威！

当两位宦官把他带到秦王面前时，他一眼就看出秦王眼中的贪婪、喜悦，甚至是癫狂。“燕使，快，快把图呈上来！本王要好好端详一番！”听着秦王的话，他的内心忐忑、激动，仿佛攥了一支尖锐的利箭。

其实，自从他被招至宫中接过重任，他在燕太子丹的眼中就是箭一般的存在。他被丹奉为上客，坐在所有人的首位，眼前满是玉盘珍馐。但他一言不发，他明白任重而道远，他明白过程的艰辛难以倾诉，他更清楚这之间对毅力、耐力的考验近乎折磨。

次日，丹就派人送来一本200天的日历。他不推辞，因为他知道当日历迎来“0”的那一天，就是他十几年来不断积累自己、成就大业的那一天，就是他拼命一搏，挣得一个光明的那一天。

可是丹总是过于急切。不久，他就听闻丹要招募一批杀手前去协助，虽然最终被证实是谣言，但他的内心有些抵触。紧接着，丹的谋士前来询问他的准备，语气中已带有一丝催促的气息。他不置可否，一声也不吭。没过几天，丹派人来询问他是否让下人先行，他默默地看着一旁跃跃欲试的秦舞阳，眼神里有了些许懈怠，但他还是咬咬牙，不骄不躁，一言不发。又一个月后，太子丹亲自前往他的住宅，借慰问之名再次催促他动身。他抬头看看墙上迫近的日期，在纸上一笔一画写下一个大字“静”，默默贴在墙上。他想把这张弓拉得满些、再满些，最终一箭射穿秦王的心口。这是他坚定的目标。

临行日期在即，丹似乎也收敛了焦躁之心，请他来易水，为他饯行。他提笔，望着寒冷的易水，写下“风萧萧兮易水寒，壮士一去兮不复还”，悲壮慷慨。只有他明白这一刻蓄积了他十几年的坚持，更是集中了这200天的努力、反思、总结。多次演练，胜不骄，败不馁，磨砺心志，成长成熟。“明天！就是明天！”日历上鲜红的“1”字就是他利箭的箭头，他这支箭已足够锋利，他脚上的青筋已足够健壮，他手臂的肌肉已足够紧绷，背负着决绝的信念与一往无前的气势。瞄准目标，冲！

收回目光，我已热泪盈眶。加油！200天！搭箭、扣弦、开弓、瞄准、脱弦，我戒骄戒躁，我心无旁骛，我步伐坚定，我修心，我沉淀，我自信，让来年六月的天空映照我梦想的颜色。冲！

点评

小作者借助合理想象，将荆轲对刺秦理想的坚定执着、镇定从容、自信果敢做了充分的诠释，抒写了自己面对理想的壮志豪情。全文采用故事新编的方式，生动有趣，令人耳目一新。

（王秀娟）

鲜衣怒马正当时

黄文韬

辛丑壬寅，凤雏寒，龙骨朽，鹿门也阙幽。试望远，千里江山，笔下乾坤。我辈儿郎，鲜衣怒马，弯满弓，着利箭，西南望，射九章。

鹿鸣悠悠，新竹依旧。高三征程，何其艰辛，何其不凡。百来五十朝，我二中学子，持笔啸剑，厉兵秣马，共同奋斗在追逐梦想的康庄大道上。

初冬，一支穿云箭，千军万马来相见。两百日，利箭已至上弓时，劲弩已至瞄准时，众师生，共前行，聚省射箭场，列阵队；秋意稠，状元廊，彩虹桥，直把春朝换；师长之谆谆教诲，我辈之勉励自强，两百日高考的号角已然吹响，拳拳烈火已燃于心。

当千只气球齐飞蓝天，心中慨然不已。曾无数次憧憬的时刻，曾无数次仰望的星空，如今也变成我们奋斗的宣言书、砥砺石。望那飞空之志，扶摇直上九万里，此去两百日，必将一发击中，一箭成其志。

箭已上弦，千军万马齐整装。仅剩两百日的光阴，将是青春最艰难困苦却最可有所作为的时段。纵然天寒地冻，路遥马瘦，只要我们心怀鸿鹄之志，坚定理想，敢于亮剑，勇敢去追，勇敢去赶，定能够“叫日月换新天”，成就青春之壮志，燃烧青春之烈火。而我辈定当“撇开”浮躁短浅，怯弱畏缩，“守住”沉稳坚定，自信不屈。高考之求学路漫漫修远。唯有内心的平静才足以抵挡世俗的喧嚣繁杂，才能让箭飞得更远、更稳。

今日不为，明日何成？青春作何用哉？站在两百日承前启后以开新局的关键节点上，吾辈当轻装上阵，带吴钩，拉满弓，心无旁骛战高考。忘却万千烦忧，不断简化自己，忍住孤身奋战时的“念天地之悠悠”的困倦，咬住理想“青山”不放松，耐住一时的失意与烦躁，不断超越，不断前行。“不苦不累不高三”，那些日日夜夜孤军奋战面对浩瀚题海的日子，那些三更天起读背书、夜阑人定时“铁马冰河入梦来”的倔强，那些苦、那些不甘，都会在未来得到回报。

今朝埋头苦干的少年，鲜衣怒马。“鹏北海，凤朝阳，又携书剑路茫茫。”凛冬将至，荆棘之路再难再痛，也有突围之法。人有逆天之时，天无绝人之路，少年再无年少时，天机已至，人事可待乎。

莫欺少年穷，三十年河西，三十年河东。强弱之变，斗转之间。了却无，江浪空间半晌休。两百日只争朝夕，勿负青春时，收拾旧山河。

点评

小作者以饱满的激情、酣畅的笔墨抒发了对理想的执着追求，激励同学们在追逐理想的路上要不畏艰难、沉稳坚定。全文化用诗句，语言铿锵有力、掷地有声，读来令人热血沸腾、心潮澎湃。

（王秀娟）

又是颗粒归仓时

缪　俊

期中的落寞为我本就惨淡的心境蒙上一层薄雾，即便会被短暂的喜悦消解，也终究无法予我“拨开云雾见天明”的内心澄澈。正逢距离高考仅200天的时刻，我选择放下心头重负，赶赴这场初冬“盛宴”。

去的路上，窗外岑寂，车内喧嚣，应了此时此景，一片秋之静美，青春芳华。世间的一切，仍让我们保持着新鲜感。看着同学们放肆地欢笑、亲密地攀谈，我心头的薄雾早已消散全无。

行车片刻，悄然已至。穿过村庄，我们走进一片草场。草虽是绿夹着枯黄，却尽显生机。头顶煦日正暖，秋风微拂，人心浸润。在草场上游荡时，我有意地关注到几个“射箭”的字样，转念之间，又联想到活动的主题“利箭行动”，这才发觉脚下原来是省运会射箭项目的比赛场地。此意此地，此人此景，想必学校的良苦用心也终将如秋之硕果，美梦成真。

又是颗粒归仓时。在拉练途中，望着四周田野收割后的清净，一种充实感洋溢在心头。我见过农民伯伯丰收时的喜悦，比我们在学业上收获硕果更加的深厚。他们劳作四季，我们苦读十年。洪涝干旱是他们的坎坷，相对于我，一次考试失利又算得了什么呢？天不作美，我亦耕耘，何必为一丝不如意而苦恼。通过接下来200天的耕作，足以在来年盛夏用硕果弥补此刻的缺憾。

轻风拂面，且行且歌。走状元廊，跨独木桥，被寄予殷切希望，被赋予无限可能。我们是利箭，用汗水擦拭箭刃，以知识丰满羽翼。高考是我们的“射箭场”，相信我们定能一发入魂，正中靶心。青春的热情，在此刻被唤醒。前路遥远，未来可期。

一路欢声笑语，日影西斜，我们回到起点，却不见来时的那般凝涩与陌生。我与枯草似是故友，它接纳了我斜阳下的身影。每次出行，我们班的男生总有一个传统：拍一张合影。那年那时，望海楼与东线第一帆或已成记忆的片段，但此时的我们，愿将此刻铭记。“咔嚓”一下，时光被定格，回忆也终将深刻。

即使我曾对自己失去希望，但班主任李老师依旧将鼓手的重任交予我。我在同学们的注目中走向大鼓，握住鼓槌。我不敢抬头，却也不愿低头，眼神在天空下迷离。随着孙校长一声令下，喧天巨响顷刻间迸发出来，我们的心情与这鼓声一般，激昂澎湃。我逐渐仰起头。同学们在专注地聆听着。我不知他们会听到什么，但我知道，我的生命会随着鼓韵升腾。失意褪色，暖意入怀。

我喜欢被寄予厚望，却也总因自己的松懈无为而失望。我感受着游校长、孙校长的殷殷期盼，体悟着严同学的斗志昂扬，摸索着许父的三句箴言。200 天，或将历经寒冬的磨炼，但也终会迎来春天的烂漫，最后等待我们的是盛夏——拥抱理想的季节。

我们许下诺言，松开那捻细线，气球载着我们的梦飞向远方。愿我的梦于洋洋夏日长成硕果，愿每个人都能够颗粒归仓，诸事如愿。

又是颗粒归仓时，莫笑少年奋起迟。

点评

理想是跌倒、挫折、希望与成功的代名词。高考逐梦正如农人耕耘，有过风雨，有过血汗。颗粒归仓就是最完美的收获。作者以细腻的笔墨描写从考试失利的落寞到重拾自信的内心起伏变化，字里行间流露出对未来的憧憬、对老师的深情，令人动容。

（王秀娟）

迎着风，追着光

许卓然

“三！二！一！啊！”欢呼的浪潮托起了一个个气球。

就好像有什么东西，终于破土而出了。

那气球的上面，载着理想；那气球的方向，对着光芒。我情不自禁向前迈了一步，又一步。像是有一双无形的手，推着我，暗示我，快去吧，快去你向往的远方吧。我像一个忠实的追随者，目不转睛地盯着气球远去，望着它一点一点地靠近太阳。我的心里突然感觉缺了点什么，但细细体会，仿佛又多了点什么。

我能否抵达那心心念念的远方呢？至少在活动之前，我仍是犹疑的。对未来的不确定蚕食着我的意志，在心里一遍又一遍预演着的高考失利的场景让我愈发心慌意乱。我不能否认，我是个懦弱的人。但，当上千只气球飞向天空时，一道来自太阳的光芒冲破了我心中沉重的枷锁。无数的犹疑、纠结、焦虑，顷刻之间，便消散在欢腾的人群中。至此，我可以给出坚定的回答：无论前路如何，我定能到达远方。

这场200天倒计时放飞理想的活动，促使我进行了一次又一次与自己的谈话。时间真是世上最冷静的存在，不管你愿不愿意，不管你记不记得，你恍个神的工夫，就已经站在这里了。我仰头望着太阳，问自己：“你想要的是什么？你害怕的又是什么？你甘心就只为别人做个配角吗？”风在耳边呼呼作响，衣角被吹得扬起又落下。我听见自己说：“我有理想的大学，我有期待的远方，但我又害怕失败。”我又觉察到自己摇摇头，说：“不，你别害怕，与其为不确定的明天而担忧，不如把握好今天。你同样可以成为主角。”

人生那么长，可是好像这一生的激情，都将浓缩在这200天里。

我的眼眶有些湿湿的，许是风迷了眼。气球已经飞得很高很远了，像是蓝色大幕布上一个个小彩钉。既然已经站在200天的节点上了，那就不要再犹豫了。这是我人生的第一个转折点，但我决不畏惧，也没有理由放弃。十二年寒窗苦读，似乎就是为了高考。以高考为跳板，我将有资格欣赏到这世界的多样美好。既然有憧憬，既然向往阳光的温暖和灿烂，就要马不停蹄地向前冲，就要无所畏惧地向前冲。要将理想活成现实，而不是变成未来的遗憾。既然明天不可预测，那我就让今天变成值得骄傲的昨天。

人群再一次欢呼起来。我感受到胸腔中的热血激荡不停。那阳光，是那么让人痴迷。

风穿过我的发梢，我扬起嘴角，朝着光的方向奔跑。

点评

追梦的路上，总会有迟疑，甚至自我否定。既然有梦，就要向着光的方向无所畏惧地勇敢追。只有坚定的信念、沸腾的热血，才能让理想变成现实，让青春不留遗憾。作者通过“放飞理想”变得勇敢坚毅，这正是活动的意义所在。

（王秀娟）

正少年意气，奔赴梦想

于珺如

松开紧握着的轻绳，粉红气球载着梦想飞向远方。我仰着脖颈，泪水润湿了双眸，目送着它远去，去向未知的地方。气球上系着一张小小的卡片，写着我的三个愿望——200 天后能进入理想的大学、数年后能选择热爱的职业、余生好好地活着。

正如柳青所说的一般，人生的道路虽然很漫长，但紧要处常常只有几步，特别是当人年轻的时候。青年人，风华正茂，正意气风发；心怀豪情，正挥斥方遒。十七岁的我对未来有着无限的遐想，同样，我也深知，我所遐想的未来，需要坚韧与奋斗做伴。

进入理想的大学，是青年时期奋斗的证明。最后的 200 天，生活或许会被疲惫辛苦、崩溃无奈萦绕，但终点就在不远的前方。倒计时上的数字一天天地变小，课桌里的试卷练习一天天地变厚，气氛渐渐紧张，笑容渐渐消失。无数次跌落深渊，又无数次努力挣扎着站起，继续前行。在这最后的200天里，奋斗是我、是每一位心怀理想的高三学子生活的主旋律。

选择热爱的职业，是人生价值实现的开始。我热衷于化学，热爱着材料。在我的人生规划中，化学与材料占据了太多。也曾纠结于父母的建议，也曾担心过未来生计，但热爱给了我坚持下去的力量；国家近些年来的不断自我革新，在科技领域的整治措施也给予了我坚持下去的信心。选择化学与材料，选择的是我所热爱执着的事物，也是我实现人生价值的方式。我愿默默坚持，在化学与材料的领域之中，为可为之事，为中国材料的发展添砖加瓦。

余生好好地活着，是一切努力奋斗的基础。我常与闺蜜一起设想未来，但在不断的经历、不断的阅读中，我逐渐意识到：好好活着，应该是我这一生最大的梦想。知道了不少的飞来横祸，见过了不少的生老病死，好好活着显得弥足珍贵。每每祝福他人时，我总会添上一句“身体健康”。这该是最暖心的话了。我梦想在长辞于世之际，回忆过往云烟之时，能对自己的一生说一句：活得很好。

粉红的气球早已不知飞向何方，愿它能如高一时种下的理想树一般，使愿望落地成真。在寻找梦想、实现梦想的这条路上，我将穷尽一生，上下求索。亦如艾萨克·阿西莫夫所说：“我一定要去寻找，就算无尽的星辰令我的探寻希望渺茫，就算我必须单枪匹马。”漫漫长路，奋斗与坚韧定能让我到达梦想所在的终点。

点评

生活的理想是为了理想地生活。作者对于人生的理想有清晰的规划：进入理想的大学、选择热爱的职业、余生好好地活着，真实、踏实、务实，有着青年一代对自我的准确定位、对人生价值的不懈追求、对生活的饱满热情。

（王秀娟）

向着光亮处进发

黄佳昱

我们身处何方？转折点？岔路口？不，我们身处飞机即将起飞的跑道上，我们身处蓄势待发的弓箭上，我们身处通向远大未来的直行道上。我们没有回头路，也不走回头路，因为我们的前方是康庄大道。我们要做的事只有一件：向着光亮处进发。

莫道桑榆晚，为霞尚满天。老者尚有星辰大海的志向豪情，作为“宣父犹畏”的“后生”，我们也应在人生的要紧处，怀有真诚的理想。我们的理想是站在海岸遥望海中已经看得到桅杆尖头的航船，是立于高山之巅远看东方喷薄欲出的朝阳。我们的理想会在200天之后归航，我们的理想会在200天之后如艳阳散发胜利的光芒。

“箭在弦上，蓄势待发”是活动的主题。这让我不禁产生了一个疑问：如何蓄力？蓄力须不断地奔跑，蓄力须不断地奋斗，蓄力须不断地坚持。我曾听过这样一句话，“不是所有坚持都有结果，但总有些坚持能从冰封的土地里培育出十万朵怒放的蔷薇”。也许在之后的200天里有人会迷茫，有人会丢失方向，有人会停下脚步向后回望。但是，坚持奔跑、坚持奋斗才能抬头见光，才能蓄力，才能在顺风时飞得更远。

我们正年轻，我们正当时，我们值得更好，我们终将抵达远方。这是我奉行的箴言。路很长，道很苦，我很累，但我无畏！即使前途有万丈深渊，一旦越过去，便是前程万里。

破茧方成蝶，涅槃才成凰。枫叶经霜艳，梅花透雪香。之后200天，我们会经历严冬，但是严冬来了，春天还会远吗？严冬之后便是暖春，暖春之后便是盛夏。这正如我们，我们在学习里奋战，也许兵刃相接，寒气刺骨，但是一旦胜利，迎接我们的便是花团锦簇。最清晰的脚印，踩在最泥泞的路上。最后200天冲刺，我们要相信自己，更要磨炼内心。宝剑锋从磨砺出，梅花香自苦寒来，这是世间真理。

向着光亮处进发，还须快人一步。我们得珍惜时间，因为志在顶峰的人，绝不会因留恋半山腰的奇花异草而停止攀登的步伐。最后200天，最后的紧要处，我们要快马加鞭，力争朝夕，充实自我，丰满自我，让我们一鸣便惊人，一飞便冲天！

当你的才华还撑不起你的野心时，你就应该静下心来学习；当你的能力还驾驭不了你的目标时，你就应该沉下心来读书。向上是梦想，向下是生活。我们不仅要让理想飞得更高，也要让它落地成真时稳稳当当。因此，我们要向前跑，向着光亮，向着近在咫尺的“远方”进发！

点评

作者以设问的形式引出话题，从如何蓄力到磨炼内心再到珍惜时间，多方面描述自己对追梦之路的感悟，高举立大志、成大才、明大德的旗帜，极具感染力。

（王秀娟）

第三篇章
沐春风，寻觅心中的呦呦鹿鸣

鹿鸣河畔的轻吟浅唱，若云，无形，无象；似风，无言，无语。随心，随性，随缘，随愿。在这充满幽香的河边小路，醉了我也温暖了你。我采一串零碎的祝福，贴一枚春的印章，将那写在桃花瓣上的字字真情，随风递给你们。花香飘溢的那一瞬，是我最深的寄语。

我的手指弹拨着心弦，和着风的韵律，吟咏春的诗行。在鹿鸣河的柔波里，在如水的月光下，在月下的竹石楼群里，我的轻吟浅唱能否如春风般，穿越时空，引领着逐梦者的心灵之舞？

来吧，让我们一起寻觅那心中的呦呦鹿鸣！

一、蕴玉咀华

楔子

“读书如游山，触目皆可悦。千岩与万壑，焉得穷曲折。烟霞涤荡久，亦觉心胸阔。所以闭柴荆，微言终日阅。”大儒纪晓岚如是说。我们的学子深受书籍之濡染，有感而发。

远离喧闹的魅力

——读《大淖记事》有感

钱 畅

淖，是一大片水。说是湖泊，似还不够，可比一个池塘要大得多，春夏水盛时，是颇为浩渺的。春初水暖，沙洲上冒出很多紫红色的芦芽和灰绿色的蒌蒿，很快就是一片生机盎然的景象了。

在这个与世隔绝的桃源仙境，朴素的男人、女人依靠肩膀吃饭；在这个与世隔绝的桃源仙境，妇女们采摘、挑担，用最朴质的声音来诠释这份对自然的享受；在这个与世隔绝的桃源仙境，有着一段凄美的爱情故事。

这是属于巧云和十一子的爱情。天注定一般，小锡匠十一子救了落水的巧云，彼此暗生情愫。刘号长的插足，致使十一子重伤。也是因为这“大伤一笔”，两人的爱情根深蒂固。但这也意味着，父亲黄海蛟、丈夫十一子，以及巧云她自己的生活重担全落至她一人的肩上。于是，街坊邻里、姑娘媳妇的帮助也成了大淖人的日常的善良。

在这个远离城市喧闹的大淖，人们的善良、淳朴有目共睹。这不禁令人回想起沈从文的《边城》，在这个类似仙境的小城里，天保、傩送、翠翠，三人之间懵懂的爱情无疑是亮点，而这条爱情线索中所折射出来的，更有整个边城人民的纯洁美好。大淖与边城一样，它的每一座山、每一滴水、每一片叶、每一棵木都拥有一份属于自己的独特魅力。也只有这样的自然之美，才能孕育出像翠翠、巧云这样鲜活的人物。这是作者的惊人文笔。

坐在大淖的水边，可以听到远远的一阵一阵朦胧的市声，但是这里的生活、风俗、是非标准、伦理道德观念和街里的完全不同。

点评

汪曾祺笔下那些带有民俗风情的小说，撇开了政治生活的宏伟叙事，把一种久违的民族文化传统注入当代中国，对新时期小说的影响十分深远。钱畅同学所写读后感的可贵之处在于读懂了汪曾祺小说的人情美、风俗美。更值得点赞的是他由此及彼，由汪曾祺联想到沈从文，由《大淖记事》联想到《边城》，由巧云联想到翠翠，这就体现出了阅读的融会贯通之趣。

（孙长春）

你在眼前

——读《黄油烙饼》有感

王星承

或许，那样的年代只是永远尘封在了过去。我不愿提及，留下深深地叹惋。放下书，将脑海放空，听窗外沙沙叶声，什么都不想。

阳光下，我闭上眼睛。文中的萧胜与奶奶在那样一个饥荒的时代背景下相依为命。命运让他们无法逃避，但同时加深他们浓厚的亲情关怀，使彼此成为生命中最重要的人。

我突然想起了那一个离我远去的人。太奶奶在我的印象里并不深刻，因为我打小就从未在她家里住过一天。但我每次回去，当我还欢笑着在巷子口跟熟人打招呼的时候，她远远地就打开大门，站到门口笑眯眯地望着我招手。即便她背对着阳光，我也能感受到那唇角上扬的弧度。我紧跟在她的身后，看她佝偻着身躯却走得飞快。她把我拉进她的房间，关上门，坐在床沿，从她枕头下摸出一块手帕，颤巍巍地打开看着我笑。是薄荷糖，她们村口的，两元一袋。可能时间过长，糖已渐渐化开了些，沾在手帕上。我迟疑了一下，看她一脸慈祥地看着我，缓慢地伸出两根手指小心地拈起一块放入嘴里，对她甜甜一笑，感觉世界都清新凉爽。

午后，太奶奶总张罗着倒茶切瓜。每每遭到拒绝或阻拦时，她总嗔怪着低声地嘟囔“孩子难得回来一次”，然后自己蹒跚地走向厨房。阳光的暖意充斥着我幼小的心灵，氤氲着每分每秒的幸福感，我贪婪地享受着。

时光荏苒，不知不觉太奶奶已离开多年，但她的音容笑貌一直被我静静地保存在心底。

风徐徐吹来，拂过脸颊的惬意挡不住心中的些许歉意。远远地望向窗外：似乎有个老人颤巍巍地在阳光下艰难地走着，是那熟悉的佝偻的身躯。我的眼睛不由得湿润了，脸上却笑了，笑得很灿烂。我擦干眼泪，抬头看，天上的云飘啊飘，柔和的风一如往昔，那逝去的亲情也将永恒。

点评

阅读即生活，生活即阅读。阅读与生活本就是一体。很多时候，我们只顾阅读而不知生活，那阅读就变成了“空中楼阁”。我们提倡一种“接地气”的阅读，从经典中读出自我，读出对生活的感悟。王星承同学从汪曾祺的《黄油烙饼》中的奶奶想到了现实中自己的太奶奶，这是一种情感的迁移，亦是一种文学的迁移。

（孙长春）

体　味

——高一上学期读书感悟

周慧颖

生活就像一本书，需要我们好好体味。

亲情的冷暖、生死的徘徊及乡土人情的可贵，它们源于生活，也归于生活。生活就是需要我们去体味的。

我们也曾像史铁生一样，经历过困苦，虽然远不及史铁生那般承受那么多，但是我们也曾像他一样迷茫过、无助过。史铁生，他在最好的年龄忽地失去了双腿，从此一蹶不振。他埋怨生活，拒绝这个世界，直至他的母亲，那个最爱他的人离开了人世，他才猛然惊醒。他只知自己失去了双腿这个事实，却完全忽略了那个最爱他的母亲。也许，正因此他失去了与母亲相处的最美好的时光。生活永远不会一帆风顺，总是会有许多的起起伏伏。我们无法改变已经发生了的事情。我们所需要的仅是一个对待生活的态度。既然如此，我们为何不从窗口眺望外面的风景。不要总是为了关闭的门而伤怀，窗外之景也许才是最美的。

沈从文笔下的湘西，一个平淡而又饱含温情的乡村。细细回想，我也曾生活在类似的乡村，那里有热情好客的村人，那里有空旷的土地，那里有成群的鸡鸭，那里有风吹、有草动，那里的生活静谧，人们无忧无虑，因为那里的生活简单，无忧无恼。

我们体味生活如同翻阅一本书。我知道了生活，知道了取舍，知道了要把自己的目光放在我们所拥有的东西上，用积极乐观的态度对待生活，学会珍惜亲情，学会珍惜身边的所有，学会感受生活中的点点滴滴，以及乡村的风土人情。

点评

几本好书陪伴一个学期，这是多么美妙的一件事。高一语文组教师向学生推荐了史铁生、沈从文的书。难能可贵的是，学生们将书读进去了，而且读出了对生活的独特感悟。看到他们有这样的收获，师心甚慰。愿学子们继续加油、努力，在老师的带领下，体味文学之美、生活之美。让我们一起把“美读”进行到底。

（孙长春）

隐忍负重的前行者

——读林贤治《旷代的忧伤》有感

吴　扬

春节期间，碰巧读了两本与历史记忆有关的书，南帆的《历史盲肠》与林贤治的《旷代的忧伤》。

南帆坚守“七七级”的立场，“喜欢用亲身经验衡量书本的知识”，所以在对远去时光的翻捡中，在与当下生活的比照中，他拿出了饥饿、恐惧、武力、情感、生命种种进行反刍、咀嚼，再次隔着历史的面纱去追问“上山下乡”的用意，以及其对知青人生产生的实际影响。虽然没有声嘶力竭地呼喊，但是蕴含于字里行间的思索与情感沉淀，还是泄露了他的用意——尤其是对当下的批判。

但是，比较起来，我更爱《旷代的忧伤》——不是喜欢，是爱。

这本书，我几年前在 Kindle 上看过，也许由于版本的问题，让我没有用心看完，但余下的部分却有一种吸引力。春节重看，不禁感慨万千。

火、流放、监狱、书报检查制度，周围种种是网，是藩篱，是禁止，是窒息。

每个时代都有叛逆者，在历史中挣扎，或葬身火海，或死于贫困，或无奈屈从，但最终都不会放弃思想的力量。

林贤治想说的，都在这些历史人物的生命史中：“没有已故的思想。已故的思想只是知识。”“它处在现实的维度上，即使用古远的材料构成，仍然显示着当下的指向。但是，它又不为现实所羁，它将焚毁既定的因而是‘合理’的桎梏；在它的光焰中，有着未来世界的生动影像。”

这就是林贤治的文艺主张！

他不欣赏纯美的文——它只有美丽的外表，他需要的是在现实与未来中挣扎以至于挣脱的文艺，他需要一种抗争与持久的力量——思想。思想让个体独立，让苦难的现实消亡，能赢得生动的未来。

而这些以思想沉默或呐喊的人们，只得到旷代的忧伤，忧伤来自自我，来自作者，来自懂了的读者，让我们铭记、缅怀、前行！

点评

林贤治的文章沉雄有力，豪而不宕，刚而不厉，阐幽揭明，总含深远的忧愤，褒贬论析，恻怆矜雅。难能可贵的是，阅读者能够真正走进作者的内心，去理解、去感悟、去思考。另外，将两本同样历史题材的书放在一起读、一起比较，也是一种值得推崇的深入读书法。

（孙长春）

一分钟的意义

——读《哦，香雪》有感

杨　晶

一分钟，对于我们来说究竟有多短？人生五十年，如梦如幻，亦不过弹指一挥间。对人的一辈子来说，一分钟，又算得了什么，实在是太过短暂。然而就是这短短的一分钟，终究搅乱了台儿沟以往的宁静。

对于深居山中的正处于花季的少女，她们却无比期望这一分钟，因为每个“一分钟”，都能给她们带来新的色彩、新的空气和五彩的世界。中华人民共和国成立三十余年后，她们还保持着数百年前的生活方式。她们过着日出而作、日落而息的枯燥生活，周而复始，然而火车的经过，并短暂停留的这一分钟，让她们嗅到了外界的空气。于是，这每天的“一分钟”，都在她们的心底埋下了一颗希望的种子，埋下了对大山外面世界的憧憬，以及对那虚无缥缈的美好未来的向往。

这“一分钟”，对香雪来说，是这一生中最重要的一分钟。

在这一分钟里，香雪得到了一件东西，一件在我们看来再平常不过的东西——一个铅笔盒。这个铅笔盒必将影响她一生。这个勤劳、善良、纯洁得如白纸一样的小姑娘，靠她自己的努力换来了自己想要的东西。她没有见识、没有财富，但她有自己做人的尊严，她自尊、自强，她不要别人的施舍，为此她甘愿付出了四十个鸡蛋，还有走了三十里路的代价。这一分钟让香雪完成了从羞涩、腼腆到果敢、坚毅的性格转换；这一分钟表现了穷乡僻壤的中国农民走出封闭的农村，追求文明社会新生活的勇气与胆量。

在这一分钟里，香雪不仅得到了这个铅笔盒，同时也失去了那四十个鸡蛋。她很清楚这是妈妈省下来给自己读书的。她曾踌躇，也曾彷徨，到底该不该这么做，但她最终选择了换取铅笔盒，并最终想好了如何向妈妈说谎。这一分钟让她失去的仅仅是一篮鸡蛋吗？铅笔盒可以让自己在同学面前也自豪一次，可以挽回自尊，但那凝聚着父爱的铅笔盒从此淡出她的视野，因为她的注意力已不在这里了。

在这一分钟里，香雪得到的尊严让人欣慰，但失去的令人忧虑。

对于已经实现改革开放的中国来说，现在依旧有许多落后的村庄存在着。人们祖祖辈辈守在大山里，日复一日地过着单调的生活，但值得庆幸的是，这些落后的村庄为日趋经济化、利益化的社会保留了最后一份宁静与淡泊。

和香雪相比，我们都市的孩子会发现，在我们心底停留的那弥足珍贵的一分钟，已不知在何时悄然流逝，难觅芳踪。

一分钟，带来了一个绚烂多彩的世界；一分钟，换来了一个平凡至极的铅笔盒；一个铅笔盒，却带来了充满无尽可能的崭新的明天。

或许人与人之间心灵的距离正在飘远，或许每个人心底的那一分钟已悄然离去，但我想说，珍惜那每一分钟的停留，留住那可贵的真、善、美。这短暂的一分钟，必将创造一个只属于我们自己的大千世界。

点评

作者切入角度独特，以“一分钟”作为阅读视点展现对小说的独特感受。由香雪的人生联想到世态人生，启示人们：人生短暂无常，时间再短哪怕只有一分钟，也要认真地度过。

（李国兵）

总归不羁

祁鹏程

在我的书架上，总有那么几本书是有关唐诗宋词的。闲来无事，我更是偏爱取来其中一本，如饮茶般品尝。

昨日我从中取了一本略是泛黄的书，石青封面上写着几个娟秀的字——“宋时明月寄春风：愿得柳七心”。

是本写柳永的书。我喜称他柳七。

除了李白、杜甫、苏轼、韩愈这些名家外，我甚爱柳七这个风流才子。喜爱柳七，虽只是年少不羁下的冲动，但不可否认，他的词风流而不失文采。

我喜欢多想，也总会多想，读他的词，更爱多想。也许他本不想喻的意，却在我脑中不自然地形成。

朋友总说柳七写风流词、谱风流曲，在那个风流地儿做个风流人儿，是个不正经的。的确，我也觉着他是个不正经的。起初读他的词，什么勾栏瓦舍，什么舞女歌姬，在他的词中皆是常客。只一口认定，这男的就是个不务正业而有些才华的人。

我始终不能理解，明明是位官宦世族出生的公子，却将给勾栏瓦舍之人写词当作工作一般。说他是个纨绔子弟，却又不像，他不喜寻欢作乐，甚至还数次作词去讽那些寻欢作乐的人。他喜欢待在这些胭脂水粉的地方，与宝玉一般，是个“爱吃女人胭脂的少年”。

他有才华与资本在这个纸醉金迷的地方找到他想要的红颜知己。“寒蝉凄切，对长亭晚，骤雨初歇。”这是他写给江南名妓谢玉英的一首离别词。寒蝉凄切，当真是凄凄切切。

他眷念红颜知己，却也从未放弃过功名利禄。说来也好笑，他此生最是霸气豪迈的一首词，竟成了他仕途上最大的一道阻碍。

“黄金榜上，偶失龙头望。明代暂遗贤，如何向。未遂风云便，争教不恣狂荡。何须论得丧？才子词人，自是白衣卿相。

烟花巷陌，依约丹青屏障。幸有意中人，堪寻访。且恁偎红翠，风流事，平生畅。青春都一饷。忍把浮名，换了浅斟低唱！”

这首《鹤冲天·黄金榜上》写得委实豪迈。也正是这首词，叫当权者“由粉转黑”，断了柳七数年仕途。不得不说，为人处世还是要三思而后行。莫学了柳七，只图一时痛快，而失了十年努力。

虽说柳七冲动，我却也喜欢他这份冲动。这份冲动，不只是冲动，也是他对自己才华的自信。若没自信，何来的“白衣卿相”？

尘归尘，土归土。总归不羁过。

柳七即便再是冲动，再是风流，却也分得清孰轻孰重。在宋朝那个时代，走上仕途之路，才是最重要的。

有时想想，柳七像极了我们。他不比别的大家，打小就勤学苦读，他恣意妄为，不受拘束。可当经历了之后，却发现，过往皆错。当我们长大成人之时，不再少年之时，将无奈敛起我们那一身桀骜不驯，被迫融入社会，成为那万万人中普通而平凡的一人。

总归不羁。总归不羁过。

点评

柳永之才井水边人能咏，三变之情亘古不移。世人欲想解万念，怎能不读《雨霖铃》。本文作者能保有这般古典情思，在烂漫的烟柳兰舟里读柳永、品柳词，赞哉！

（李国兵）

我的扬州，你是来还是不来

陈凯悦

我是扬州人。

大抵朱自清也如是说过吧。

他对于扬州有着更多的理解与眷恋；而我，只能算是过客吧。我在扬州只生活了七年，对于扬州没有过多的感觉，但，就是那零星的记忆给了我难以抹去的印象。近日因细读王剑冰老师的《扬州慢》，这种感觉更甚了。

“我来的时候，下了一路雨，到扬州还是湿漉漉的。我感觉这正是我要见的扬州，她一定是润泽的，水汽蒙蒙的。尽管朝代更替，时光荏苒，但是扬州的韵味没有变，那是一种自古渗出来的韵味，这种韵味可从唐诗宋词中钩沉出来，从明清画意中寻找出来，从飘自扬州上空的馨香与轻歌软语中感觉出来。”作者如是说。

诚然，我的扬州拥有着从骨子里透出的温婉。她就这么的“汪着，柔着”，东关古巷在古渡口中飘着，白塔在云中浮着，二十四桥在湖中漾着……一切，都好似浮在梦里，却又那么清晰地映在我的瞳仁里。扬州，就是这般令人沉醉。我不禁吟起了张若虚的《春江花月夜》，“空里流霜不觉飞，汀上白沙看不见”。想来诗人笔下这座古城的夜也是绮丽朦胧的吧。

写道此处，我不禁想起了嵇康的《广陵散》。或许扬州的风景与这首失传的古乐没有交集，但我又确确实实想将它们联系在一起。一个“散”字就妙绝——将扬州那种朦胧迷幻的美完美地诠释了出来。王剑冰老师在书中也曾提及，纠结于文章的标题是用“广陵散”好，还是“扬州慢”好，最后，他还是选择了后者。我很感激，也很敬佩。诚然，前者总是在无形中牵引着读者想起嵇康那忧郁冗长的音调，而我的扬州，绝不是这般悲观。2000 多年的历史，早就荡涤了她的性子，磨平了她的不安。我的扬州是慢慢的、轻轻的、缓缓的，踏平了所有的不公与委屈，以最美的姿态展现了她在姜夔笔下的萧条后重生的美。但她绝不张扬，永远是那么柔、不急不躁，安静得像朱自清先生笔下的散文。

嗯，扬州是一篇散文。同时，她又被赋予了散文所具有的一切形式美，或许，不止形式美，还有内容美——她包含了一切。

“扬州，是一个抹不开的地方，总有人与扬州搭上什么话题。”是啊，欧阳修在平山堂“手种堂前垂柳”，同时又吟“别来几度春风”；鉴真大师出生于此，14 岁又随父在扬州大云寺出了家；星云大师一踏上故土，第一句就是“我是扬州人”；朱自清先生也有话云：“我家跟扬州的关系，大概够得上古人说的‘生于斯，死于斯，歌哭于斯’了。”……“这一群奇人怪才，喝着扬州的水，醺着扬州的风，迷着扬州的人，醉着扬州的月，一个个把自己融成了扬州一景。”正是扬州的水土养育了这一方人。

其实，《扬州慢》中大部分都在写景，从瘦西湖写到大明寺，从蜀岗聊到瓜洲。但这些，不单单是我想要表达的扬州的美好。我想，扬州之所以有着其他省市的人羡慕的“慢生活”，不是因为她的美景，而是因为她自身的品性——不管你在哪，岁月是否浮沉，时光是否变迁，她都在那，不动不扰，兀自安好。

“我总觉得，扬州是梦的起点，也是梦的终点，十年一觉扬州梦，是杜牧说的，他在扬州十年，匆匆促促，如梦初醒。而我到了扬州，一觉睡去，却空旷无痕，每一天都感到新鲜如初，激情重回，在意那窗帘启处，一湖弱水，无限江山。”王剑冰老师在文中如是说。诚然，你无法抗拒扬州，但接近后才明了：她，无法赏玩，只有虔诚地欣赏。

云遮云掩。我的扬州，你是来还是不来？

点评

一曲《扬州慢》，让人遐思至。由此到文，变的是语言的表达，不变的是对扬州拳拳不忘的绵绵情思。扬州是一丝丝垂柳，总是让人剪不断、理不清。显然，陈凯悦同学读到了、品到了。

（李国兵）

小贴士

如何写出一篇高质量的读书感言？“读”是基础，要读懂文章想告诉我们什么；“感”是重点，要着重写出自己的个性感受；概述要“简”，不宜过多地重复作品内容；观点要“明”，要亮明自己的观点，不要含糊其词；思路要“清”，要有自己的写作思路，不被原文带着走；现实要“联”，要牢记言之有物，切忌无病呻吟。

二、诗意与哲思

楔子

文如锦缎，缀而成采；心游万仞，思接千载。文化的百花园何尝不是让学子们诗意流溢的所在。让我们徜徉在学子们编织的文琅奇苑中！

我识渊明

周中俊

我认为陶渊明一直都处在困境之中。

那是被现实的藩篱禁锢于南山下，寻求不得精神真正解脱的苦境。

自古以来，陶渊明总是以“精神”的形象处于高端之地。人们惯常谈论身心的隐逸、灵性的追求，尤其在人生处于困境中、落入低谷时，总是借口能从困境中获取灵魂的涵养，丰富内心的贫瘠。因此，从短短一句话“采菊东篱下，悠然见南山”便令人笃信其背后的闲适。然而一篇《归去来兮辞》让我看到他身处的那鲜为人知的困境和那深沉绵延的忧伤。

“舟遥遥以轻飏，风飘飘而吹衣。问征夫以前路，恨晨光之熹微。”我感受到了诗人日夜兼程归去时的满心喜悦。由舟之轻飏、风之吹衣，见得他弃官之如释重负。他甚至流连于那春光明媚、三径就荒、松菊犹存的田园之光。

可我忽视了《归去来兮辞》的《序》。

“因事顺心，命篇曰《归去来兮》。乙巳岁十一月也。”十一月，尚在仲冬，岂有“木欣欣以向荣”“善万物之得时”等景象与感慨，亦岂有“农人告余以春及，将有事于西畴”等人事，实际上这是其归之前的想象。

而此时的田园则是陶渊明无奈而悲凉的寄托。

陶渊明的困境是什么？往者不可谏，来者犹可追。陶渊明将自己过往的一切全部否决，只是甘心等待命运。挣扎过吗？有过为家人口腹而屈身为小官的困境，仿佛那才是常人眼中的困境，走投无路。

殊不知那看似乐安天命的旷达只是因为诗人处于无能力改变的困境中，只能无奈地等待、无奈地接受。

你说他性情淡泊归于田园，他也拥有济世于民的一腔热血，可是心中的那片蓝图终究是现实的埋葬品，被人辱，被物禁，禁锢的不只是他的躯体，更是他自由不羁的心。

那能如何？“沧浪之水浊兮，可以濯吾足。”他也就只能表面上悠闲出世。可那无力济世的愤、怨，无奈终究只能锁在心里，成为心牢。

这让我又想起了另一位诗人孟浩然，他的一生也都夹在出仕与退隐的痛苦之中。这仿佛是古代士大夫共有的精神困境：想积极地入世，治国、安天下；又想以道修身，褪去世俗的官位升降，品花开花落，看云卷云舒。

一边是入世，一边是遁世。偏侧一方都可能使人陷入困境，实在是进退两难。

可我却欣赏这种困境。这是家国情怀和个人操守的矛盾，是在黑暗现实与崇高理想间的挣扎。处于这种困境时必须要有不染淤泥的志向和坚毅的品性。

所以陶渊明身上那股幽怨藏得是如此之好，那困境一人默默忍受，默默煎熬，在那时是这样，百年之后依旧这样。

或许人们有所发现，只是不愿承认那些生活中鲜为人知的困境吧。

点评

陶渊明的隐世让后人深思，他那不为五斗米折腰的不羁精神是中国士文化的精髓。今天的学子能够体悟其情、其意、其真，实为该精神与时俱进的演化。诚哉，渊明之神！

（李国兵）

我之孤独观

吴青璇

在分享感悟之前，我想先向大家提出几个问题：

（1）为何 emo 的现象在年轻人群体中如此普遍？（这里的网络热词 emo 全称为 emotional，可以代表“丧”“忧郁”的情绪。）

（2）孤独是否意味着精神空虚、生活乏味无趣？

（3）克服孤独和适应孤独哪个更重要？

下面我将围绕以上三个问题谈谈我的看法。

总的来说，它们都围绕同一个关键词“孤独”，孤独最大的特点在于“没有绝对的感同身受”，更糟糕的是，孤独还有累加效应。自己偶尔偷得半日闲，独自去看一场电影，和一年、两年、五年，只能坐在天台上自己和自己喝酒的感受当然不同。

有人将孤独归结于那位“悠悠知我心”的人还未曾出现。如果在孤独时刻出现了能为自己排忧解难的知己，这时孤独感就会烟消云散。你时而感叹两点一线的生活枯燥无味，却也觉得轰轰烈烈的生活太过喧闹，简单来讲，便是不痛苦，也并不快乐。但，你的生活真的如此乏味吗？你会因为解开一道数学题而洋洋自得，会因为明媚的阳光而心情愉悦，会对某位为你拦下电梯门的学弟而心生感激，会因为完成了每日计划而如释重负，也会因为偶然间读到某句让你心生感触的佳句而心情久久不能平复……这些事情足够微小，却也足够美好。它们是平淡日子里的波澜，也是驶向未来的风帆。

让我们再来看看“快乐”这个词。有人曾说，“如果快乐太难，那么祝你平安”。由此可见，快乐这件事有很多不以主观意识为转移的因素、经历。虽然，我们不能驾驭快乐，但是充实是可以自力更生的。罗素说，他生活的三大动力是对知识的追求、对爱的渴望、对苦难的怜悯。你看，这三项里面，除了第二项外，其他两项都是可以自给自足的，都具有耕耘对收获的对称性。满足以上定义下的快乐的人，他并非一定有三五知己，也并非一定功成名就，但他一定有以下三个特征：不气馁，有召唤，爱自由。

纪伯伦曾写道："诗人用云雾塑造形象，他也是废墟中捏弄残灰的王。"若你还未能遇上那位伯乐，不如逆水行舟，对自己的心灵"招兵买马"。你亦是自己的将军。

我想自己终究是幸运的，不仅仅因为那些外在的所得，而且因为我还挺结实的，虽总是被打得七零八落，但总还能重新站起来。在辽阔的世界面前，一个人有多谦卑，他就有多快乐。

因为这种幸运，我原谅自己经受的挫折、孤单，原谅自己的敏感、焦虑和神经质。我有着世界上最美好的品质：不气馁，有召唤，爱自由。

如果你还在为自己的孤单寂寞、怀才不遇、举世皆醉我独醒而深深叹息，那么让我告诉你，别再把自己时间的积蓄花出去，回到你的内心，寻找你自己，与心灵深处的他、他们，一起出发去旅行。如果你有足够的好奇心，你可以足不出户而周游世界，身无分文而腰缠万贯。人生若有知己相伴固然妙不可言，但那可遇而不可求，真的，也许既不可遇又不可求，可求的只有你自己。你要俯下身去，朝着幽暗深处的自己伸出手去。

最后我以莫妮卡在《老友记》中的一句话结束我的演讲："欢迎来到现实世界，它很糟糕，但你会爱上它。"

点评

何为独，才而不遇犹善己；怎为孤，志在青云绝凡俗。人们对孤独的认识千差万别，吴同学能从自己的感悟出发，发出自己的声音，实在是难能可贵。

（李国兵）

灰姑娘的世界里有水晶鞋

钱淑怡

通常认为灰姑娘的故事向我们传达了这么一个人生历练过程——在任何嘲讽、刁难和欺凌之下，都要吃苦耐劳、忍辱负重地活着，即使极度艰难困苦，只要心怀对美好未来的无限憧憬，保持善良与积极的心态，最终也是会获得幸福生活的。

然而现实世界并没有那么美好。有些人生下来就有残疾；有些人做了坏事而毁了自己的一生；还有些人要几经磨炼才能取得成功。但不管现实是多么的残酷，我们都要怀有一颗善良的心，勇于克服困难，相信童话般的美好终会属于自己。

童话的百花园中，万物有灵。幼儿听着童话故事，不仅能与故事中的主人公产生心灵意义的互动，还常常情不自禁地进入情境、进入角色去想象和创造，与自己喜爱的形象同呼吸、共命运。徜徉在童话的海洋里，可以发现各式各样不同于自身的鲜活的生命体。

优秀的童话故事如同阳光一样，让我们能从中汲取乐趣、发展兴趣、发挥想象力，从中认识自己、了解世界、树立正确的价值观。

童话富有积极而美好的幻想，能激发孩子的想象力，使他们勇于进取，产生探索世界的欲望。对年幼的孩子而言，童话具有重要的心理补偿和宣泄作用。在童话世界里，童话人物可以满足和实现他们的很多愿望，这种体验会让他们的生命充满能量。孩子的意识和潜意识经常融合交错在一起。面对起伏跌宕的童话情节，他们更容易在故事中投射自己的形象和情绪，让自己的心理困惑和负面情绪找到安全宣泄的出口。

孩子向往不平凡的事物，充满神奇和变幻莫测的童话恰好可以吸引他们。优秀的童话故事往往集思想美、情感美、意境美和语言美于一体，给孩子以美的享受。充满幻想的童话也为孩子打开一扇窗，运用夸张和拟人等手法，引领孩子在奇妙的境界中，发现真善美，让心灵受到滋养。

点评

童话让人浮想联翩，一个个美好的场景、一个个优美的故事、一个个感人的情思竞相呈现。如何读她？一千个读者，就有一千个哈姆雷特。钱同学的童话园圃里藏着你我他，那里有欢笑、有想象、有憧憬、有眼泪。

（李国兵）

勇敢“晒”

唐游韧

说到诗仙，相信大家都不陌生吧。笔落惊风雨，诗成泣鬼神。

只可惜我今天跟大家谈论的却不是他本人，而是另一位自称“当代李白”的痴人——张天佑。

李白是唐代伟大的浪漫主义诗人，酒入豪肠，七分酿成月光，余下的三分啸成剑气，绣口一吐就是半个盛唐。

而张天佑只是一个再普通不过的市级作家。虽说他这傲人的志气令人敬佩，但也难免过于夸张了。说到底，这就是“晒”文化在作祟，也就是所谓“网红文化”。

“晒”这个字，在信息时代，被赋予了一个时代性的含义，即将生活的点点滴滴展示给其他人。人们在社交媒体上晒出真实的生活、真实的内心、真实的社会。

随着科技发展，“晒”具备了更加充足的物质基础，每个人都多多少少会分享自己生活的点滴片段。其实简单剖析一下“晒客”们的内心就不难发现，“晒”其实是在日趋激烈的竞争中，在也许是钩心斗角、尔虞我诈的工作环境中，一种对人性的释放，情感的宣泄、转移，心灵的倾诉。它为情感的河流提供了一个流淌的出口，使人暂时摆脱了现实中繁文缛节的束缚，向朋友或是陌生人，展示一个更接近“本我”的自我。

而在网络为个人表达观点提供广阔平台，让个人话语权得到提升的同时，也带来了整个社会对于分享、表达与沟通的强烈诉求。于是这样一群人出现了，他们毫不留情地“晒”出社会各个阶层的问题与弊端，他们撕破藏在光明背后的阴影，披露黑暗与不公，代表广大人民群众追求公平、正义，也因而获得了很多人的支持。不仅如此，“晒”出的内容贴近民生，更易受到关注。不得不说，这的确是一种让更多人关注社会问题的好方法。网络舆论的力量促使制度规范化、规则标准化，帮助维权，促进社会公平，可以说完美地利用了“晒”这一社会行为的优势。

不能否认的是，“晒”也是一把双刃剑，有其两面性。当我们自然地在微信、微博中晒出真实生活的时候，也许不经意间，就“晒”出了自己的隐私或别人的隐私，引起不必要的麻烦。当我们为某人“晒”出的不公平待遇而愤愤不平时，心里是否有一杆秤？网络上鱼龙混杂，以偏概全、片面夸大事实甚至恶意中伤的情况也必然会出现。由于晒客受到的约束小，可“晒”的平台又多种多样，个人行为很难被时时刻刻监督，也许会导致非理智的集体宣泄，即所谓跟风从众。即便如此，“晒”的存在依然是整个社会的福音。

因此，当我们作为“晒客”时，不仅要自律，不能侵犯他人的权益，更需要他律。上至国家下至平台已经设立相关机制和法律来监督我们的言行。作为看客，我们更要擦亮双眼，明辨是非。

点评

俗话说：“晒晒更健康”。明可晒而晒是当然，明可晒而巧晒是智慧，明可晒而勿晒是通达。唐同学能以十多岁的年龄深谙此道理，幸甚幸甚。

（李国兵）

“物哀”之我见

李苏华

由于最近在复习小说，因此，我想谈谈日本小说中的“物哀”。

“物哀”意识诞生于日本，与日本的地理环境有着很大的关系。日本自古以来就常被雾霭笼罩，自然风光总给人留下朦胧而变化莫测的印象，雪山、海滩、温泉、峡谷、小桥、流水……日本随处可见诗意。这些在夏目漱石的《草枕》中都有迹可循。然而，日本也多灾多难——火山爆发、地震、海啸，所以多年以来日本人常看到美好稍纵即逝，顷刻间化为乌有。这让他们相信，美好的事物是不稳定的。

“物哀”一词的含义曾被众多名家考究。在这里我只谈自己的看法。

“物哀”给我的感觉，是一种含蓄内敛的爱意和忧郁，比悲伤的范围更广，是一种情怀。这种哀与美感相结合，能让人在喧闹的尘世中体会平静带来的反思和感悟。

这种“物哀”体现在吾生之哀与世界的斗争上，太宰治的《人间失格》是他与外在世界的感性斗争，是他与本该成为的自己的斗争。这种“物哀”也同样在日本的爱情小说中得到凸显，因为恋爱小说更能体现“物哀”的深层心理与心情的细腻意境。例如，村上春树的《挪威的森林》中对直子这个人物进行了细腻描写。她的忧郁气质、女性之美及书中的爱情氛围凸显了“物哀”之美。

其实，无论是村上春树，还是芥川龙之介，抑或是川端康成，他们的小说基调都或多或少受到“物哀”意识的影响。因此，相较于西方文学，他们作品中的哀感更能给人心灵的相通之感。这样的“物哀”从属于美。美与哀相融合，形成意境深远的“物哀”世界。

尽管这样的“物哀”不被所有人认同，但我还是欣赏这有哀情的美感。这是对他人悲哀的感同身受，是对世界悲哀的共鸣。

我们热爱美好、圆满与希望，我们也爱残月和散落的花瓣。

点评

“物哀”其实就是一场有关“美丽”的悲剧，然而悲之过后藏有温情，能够让人向前看，即“我读书入了迷，心绪便随着情节而起伏了”。

（李国兵）

好一部《尚书》

何常睿

历史长河未息，时间长流不止，中华文明伊始的文化宝藏却薪火相传，弦歌不辍。《典籍里的中国》这档节目就由中国古代典籍入手，以跨时空对话的舞台剧形式，带领我们跨越上下五千年历史，溯源华夏文明，挖掘典籍中的精神内核，体会其中绵延至今的文化精粹。

第一期讲述的是有“政书之祖，史书之源”之称的《尚书》。《尚书》之所以能流传至今，被后世代代传诵，离不开一个人——伏生。

为什么《尚书》值得伏生一辈子守护？为什么典籍值得我们传承？从《尚书》中，我们既能看到周武王“称尔戈，比尔干，立尔矛，予其誓”的豪情壮志，也能体味民意即天意，“顺民心者得天下”这条颠扑不破的历史铁律；我们既能汲取“满招损，谦受益”的修身之道，也能收获“民为邦本，本固邦宁”这样永不随时间流逝而褪色的治国之理。但更为重要的，是我们能从中感受到的“大禹定九州”的华夏儿女的自豪与骄傲，是我们能从中找到的连接着每个人的文化纽带，牵动着每颗心的民族认同。就如钱宗武所说，“读《书》，知先贤治政之本，知朝代兴废之由，知个人修身之要”。又如蒙曼老师所言：“何为中国？禹划九州是中国；尧、舜、禹，汤、文、武、孔夫子、伏生是中国；‘民惟邦本，本固邦宁’是中国；‘敦睦九族，协和万邦’是中国。”

“典”即规范、典范。传承这种规范才能照亮未来。余秋雨曾说过，一个民族的终极目的，不是军事的、国家的、政治的，而是文化的。典籍就是中华文化的精粹，是现代民族精神、时代精神的文化基础。它指导我们修身、齐家、治国、平天下，更激发蕴藏在骨子里的文化血脉。文化溯源，我们知从何而来；典籍研读，我们知为何而来；投注当下，我们知去向何方。

古典是晦涩难懂的，文化是深沉深刻的。但我们必须要挑起传承中华文明的这根大梁，像伏生一般传其书、明其义。除此之外，还要守正创新。守护文化遗产不仅需要情怀，还需要有看穿历史的智慧和创新求变的勇气，让典籍的内核以现代的方式被更多人接受，进而传承。这也许就是《典籍里的中国》的意义所在。

让我们怀揣着对先贤圣人的崇敬、对华夏文明的热爱，践行君子之道，携一缕古典芬芳，驾文化之舟驶向未来！

点评

经典里蕴藏着中国人几千年的智慧，历久弥新。这是永远的精神财富。伏生以命守《尚书》，赓续着中华民族绵绵不绝的文化之根。

（李国兵）

小贴士

语文学习重在爱读书、爱生活，乐写作、喜表达。我们的生活中有许许多多的感人瞬间，有若干让人“破防”的场景，有数不尽的触及心灵的哲思小语。当语文和这些相遇时，拿起我们的笔，用最真挚的文字记录下奇思妙想，语文的能力、写作的素养就会日日增益。但一定要真诚表达，切忌虚妄。

三、临水高歌

楔子

鹿鸣河畔，临水楼中，你们舌绽锦绣，或慷慨激昂、豪气凌云，或声情并茂、引人入胜，或机智幽默、妙趣横生，或数者兼而有之，使人增知，使人欢乐，使人振奋。

好风借力，直上万里

黄文韬

尊敬的老师、亲爱的同学：

大家上午好！

我是黄文韬，很荣幸作为高三学生代表，来谈谈对新学年的展望与期盼。我演讲的主题是《好风借力，直上万里》。

鹿鸣河畔，春风拂柳，万物竞苏，我们迎来了 2022 年新学期。乘好风去，长空万里，直下看山河。青春是人生的财富，是梦幻的代名词，是我们每个二中人奋进于壬寅虎年的制胜法宝。青春代表的不是叛逆与稚嫩，而是深沉的意志、恢宏的想象与炙热的情感。每个勇于追梦、敢于追梦的人都是青春的拥有者，我们是，师长是，陪伴我们的家人亦是。让我们携手共进，用青春与汗水谱写一段荡气回肠的奋斗凯歌。

高三的同学们，星燧贸迁，时节如流。古人云：“黄沙百战穿金甲，不破楼兰终不还。”十二载春秋白云苍狗。回看 2021 年 6 月，新竹楼中，金秋盛况，箭在弦上，蓄势待发。而今一模在望，百日高考，舳舻千里，旌旗蔽空。高三征程已然进入二轮拔尖、攻坚克难的质变期。我辈更当轻装上阵，带吴钩、弯满弓，心无旁骛战高考。我们要忍住孤身奋战时的困倦，咬住理想之“青山”而不放松，耐住一时的失意与烦躁，不断超越，不断前行；我们要始终保有忧患意识，充分利用好边角时间，充分制订每天的学习计划，不松懈、不大意，做时间的主人；我们要形成一套属于自己的复习攻坚体系，对症下药，主次结合，科学备考；我们更要在最后的100天里，勤于反思，善于总结，六月亮剑，剑指名校。

高三的战友们，越是临近高考，我们越是要明白“调和至中庸，淡泊以明志”的道理，不以一时成就而喜，不以一次落败而忧，做身经百战的侠之大者，做背水一战的勇毅之士，做百日冲刺的高考考生。战友们，愿在2022年高考的沙场上，我辈儿郎秉持“今日我以二中学子为荣，他日二中必以我为傲”的胆识，携猛虎下山之势，怀取蛟龙夺名校之志，成就璀璨未来，开启人生新的篇章。

高一、高二的学弟和学妹们，青春无畏，一寸芳华，少年携剑路茫茫。愿你们习为人为学之善道，悟本真乐学之旨趣。正所谓万丈高楼平地起，蹲好马步，打好基本功，是践行“超越”校训的必要条件，是行稳致远、所向披靡的不二良方。腹有诗书气自华，多读书，读好书，是培养阅读能力、培育核心素养的康庄大道。衷心期待，在龙腾虎跃的新学年里，你们都能如庄子笔下的大鹏，胸怀壮志，腹有良谋，乘东风，绝云气，上九万里而图恢宏大志，在二中乐学的土壤上生根发芽，茁壮成长。

“最是人间留不住，朱颜辞镜花辞树。”时间中藏着怎样的答案，酝酿着怎样的奇迹，只有奋进者最清楚。前程似锦，来日方长。老师们，同学们，让我们共同穿梭于时代的三峡之中，掀起一场青春风暴，创造一段传奇的奋斗岁月。最是好风凭借力，扶摇直上九万里。让我们共勉于2022年，礼赞每一个乐学、本真、超越的二中人！

我的演讲到此结束，感谢老师们和同学们的聆听，谢谢你们！

点评

开学典礼上的发言稿，文才佳、文气昂、格调高，道出了即将面对人生第一大考的学子心声。难能可贵的是既有对高一、高二学弟和学妹们的殷切期待，又有爱家、爱校、爱国的情怀。

（李国兵）

我的番茄文具店

李　欣

老师们、同学们：

上午好！

我的小学四、五年级的数学老师是一位严苛的中年妇女。她要求我们每天在小本子上记录当日作业内容，而我丢三落四，忘性大，总是在要检查的那天早上，在学校对面的文具店重买一本本子，再到班上问同学借一下，抄抄前几天的作业。还有红领巾，为了应付检查，我不知道在文具店买了多少条。

那时候我就想，如果我们家开文具店，这小本子、红领巾，岂不是天天上学就顺手拿一本、拿一条，哪用担心检查？

念小学时，我并没有把开文具店作为理想，而是迷恋上写粉笔字。学校的设施比较落后，教室里没有投影仪。期末复习时老师准备了很多习题，只能让几位同学站在长凳上，把打印的题目抄在黑板上，好让全班都看得见。我被选中过，只有一次。我记得当时拼命踮脚才能够得着黑板顶部，够着了，写的字却歪七扭八。我刻意抄得很慢，因为非常享受用粉笔写字时奇妙的感觉。从那以后，翘首以盼，也没有等来同样的机会。倒是学校翻修，我们终于有了投影仪。

于是我把教师作为理想职业，但又渐渐不满于此。在我看来，教师这份职业，过于无趣了些。我喜欢写粉笔字，并不代表我想写三四十年粉笔字，我也不愿意面对单调重复的课本，以及日复一日、年复一年讲授同样的知识点。我重新审视这个理想：我对教师的追求未免太浮于表面了。而我不满于此的原因也正是我并不完全喜欢它，更没有培育祖国栋梁之材的决心和“春蚕到死丝方尽”的奉献精神。

什么才是我真正喜欢的？

幻想诗和远方，我更希望它与我的喜好有关。

那不如开一家文具店吧，我想。

进购我喜欢的笔、本子、胶带、贴纸、明信片，暂且不必设想太多，如店面是什么样子或在哪儿开。

四、五年级时，作业帮的帮帮圈还没有关闭。我偶然刷到一个关于手账的帖子，清新的色调、精美的拼贴、花哨的字体立刻吸引了我。我跑到新华书店问有没有手账本卖，可售货员听不懂我到底想要哪种。在三福看见好看的胶带我就挪不开眼了，于是买了很多不知道怎么用的胶带，很好看但贴不成。2019年升高一时，助教瑞秋（Rachel）问我想要什么奖励、喜欢什么，我实在想不到别的，就回答“贴纸”。她很困惑，说贴纸不是很便宜吗，三五块。哈哈，她不知道有三五块也有三五十块的贴纸。我可能就是个典型的小女生，这些精致的小东西非常讨我喜欢。买了却不一定用，舍不得，这是我最大的问题。只有在朋友过生日或节假日写祝福的时候，会挑出一些。所以，再喜欢的贴纸、胶带也会沉箱底。现在我房间的抽屉、盒子里都装满了这些小玩意儿。本子也是这样，比如，肉球的线圈本，我前后买了六款，只留了白桃汽水，其余都送出去了。而对笔，“启蒙”好像晚了些。初二的同桌拥有一个“巨无霸”笔袋，里面装满了无印良品的按动笔。也许是出于对同桌的喜欢，这一袋笔也吸引了我。可我当时还不知道什么是无印良品，到淘宝上搜，错买了凯宝的笔。之后在淘宝上刷得多了，也就渐渐熟悉了些。

这样说来，开文具店最大的好处就是能满足我“想买不想用”的需求。拥有一家店的文具，想想都令人满足。

为了获取实用信息，我共写了四份简易调查问卷，每份包含三个问题，其中三份分给了学校西门附近的文具店，最后收到了两位老板娘的反馈。我敢这样做是因为觉得我们是相似的人，相信会被认真对待。事实也如此。我发现了我们之间的共性：我与小芳一样，不愿与太多人接触，不愿被上司压着，不愿意说虚情假意、阿谀奉承的话，也同样期盼寒暑假和周末双休。仅仅是不必担忧职场上的明争暗斗，不会碰到“变色龙”“墙头草”，就使我更加期待开一家自己的小店。关于假期，我的想法也很简单：自己先打拼几年，有了一定资金后就雇个店员，早上和周末来看店。我和向阳生长的老板娘一样，也爱文具，审美观念应该也挺相似的，她家的便签是我的心头好，我虽然不是天天买，但总有那么一段时间会争取买到所有喜欢的款式。

开文具店的人并不会大富大贵，说出去只是小商小贩，也没有较高的社会地位。我非常好奇真正把对文具的喜爱转化为工作的人，他们的生活是什么样子的。向阳生长的老板娘说："为了生计而尽可能地满足所有学生的需求。"好看、不好看的货，她都拿了，违背了当初的文具梦。以前她只要接触文具，心情就是美好的，可是现在总想着哪个吃的没了，每天腌制鸡腿、鸡排，大批量地抬水、上饮料，生活变得枯燥起来。其实我认为为了生计卖一些小吃什么的没有太大问题，毕竟她卖的关东煮、汉堡、烤肠、鸡腿，我都挺爱吃的。但要说进货，在这一点上我很难让步，因为我想开文具店的初心，就是进购喜欢的各式文具。但万一是我不喜欢的，偏偏是学生喜欢且需求量大的呢？我的想法是抬高商品的价格来弥补损失。比如，甲午小站要比我们平常看见的文具店更加有格调一点，里面卖的物品相对贵一些，但是物品摆在那个环境里面，价格偏高，你也会觉得理所当然。

问卷中有一个问题是：您认为开文具店有哪些基本要求？小芳说需要合适的店面和一笔启动资金，更重要的是热爱。向阳生长的老板娘说需要一定的眼光，要了解所在城市学生的时间安排和当下流行的趋势。

谈到资金就要回归当下了。开文具店看起来跟学历没有太大关系，但我认为学历不同的人，他们的视野和能力终究是有差异的。不管我考进哪所大学，毕业后做什么工作，就算与开文具店专业不对口，那也都是为了开文具店而付出的努力。考好大学是为了有好工作，有好工作是为了有更多的钱，有更多的钱就是为了能自由选择合适的店铺，自由购进喜欢的文具。我把未来想得很简单，也希望未来就是这么简单。

至于店名，我也已想好了——李形番茄。这是一次我翻牛津词典无意中看到的，plum-tomato 是一种意大利番茄，又长又细，正好与我本人的体形恰恰相反。这样一个有趣的词，我很想用来当作店名。

这篇演讲稿更像是谈闲话一样，勾勒了我的诗和远方。作家王小波说过类似的话："我所说的一切无非是提醒后到达这个路口的人，你绝不是只有一条路，而是四通八达的，你可以做出选择。"这与我写这篇演讲稿的意图契合。我们都拥有无限可能，无限选择。

点评

这是一篇别具一格的演讲稿，真诚地道出了自己的理想和人生规划。该同学为此做了一定的调查与研究，用翔实的第一手资料阐明了人生理想的可行性。这既是一篇演讲稿，又何尝不是一份职业调查报告。

（李国兵）

我的诗与远方

钱 缘

亲爱的老师、同学们：

上午好！

诗人荷尔德林说：人生充满劳绩，但还是应该诗意地栖居。

并非住在漂亮的房子里、徜徉在各种美景间才是诗意，并非很远的地方才叫远方。如果内心没有对美好的向往、追求，那么去得再远，那里也非远方。我们的诗和远方不是与现实生活的分离，而是与现实生活的结合，源于生活而又高于生活，就像太一在歌里唱的那样“我想要看春天的雨漫，也想要闻夏天的傍晚”。

如果要给我的诗和远方定一个位，那么一定是在上海。说到上海这座城，我的印象是：这是市井，也是景！

早在1924年，就有旅居上海的日本作家村松梢风，在代表作《魔都》中用“魔都”一词来形容他眼中魔幻迷离的上海。这样一座魔力之城，在如此繁荣的全球化背景下，也依然保留着中国传统的魅力。

“当你穿过灯火辉煌的摩登大楼，半小时不到的车程，就能到达另一个世界，看起来平和又寂静。”我爱这里的墨绿色门牌，爱这里的街道上的花纹，爱这里的斑驳的本。信箱、衣架、洒进金色夕阳的老弄堂和下一个转角的未知风景都足以吸引我驻足留恋。

“上海的弄堂是性感的，有一股肌肤之亲似的。它有着触手的凉和暖，是可感可知，有一些私心的。”在魔都上海，我依然可以找到一种直抵生活本质的感受——一半惊艳，一半惊喜。从繁华的市区到质朴的弄堂，这些都是我热爱的。

我想我也许会从事记者这一职业。这是我向往且期待的一件事情。一个好的记者，他的笔尖应是触碰到社会苦难、黑暗、善恶的，也是触碰到世界那些不为人知的角落的。他是贴近人们生活，反映民生百态的。他既可以揭露丑恶，也可以传递温暖；他在报道真相的同时，也不忘传播正能量。而怀着满腔热情、年少轻狂的我，很想要当一个好记者。诚然，当好一个记者的过程是艰苦卓绝的，但我愿竭尽我所能，用自己的微光去照亮一方黑暗，去探索人性，去寻找真相。当一个记者，我想，我可以领略到很多前所未有的观点和事物，开阔自己的视野，感知世间的悲欢疾苦，探寻人生的意义。在给大家传递不为人知的事实的过程中，我想，带给我的会是无比的满足和自豪。这是我现在的答案，也将会是我以后的答案。

指引我们追求诗与远方的是对城市的热爱、对职业的向往，同时还有对未来柴米油盐、锅碗瓢盆的畅想：在闲暇时写写画画，记录那些叫你感动的人和事；在三餐时自己动手，喂饱咕咕叫的胃；在节假日与父母或朋友，一起去发现美好、探索未知……诗与远方很美，因为这些是我们的心之所向、心之神往。

诚然，就像开头说的那样，诗与远方它高于生活，可它仍来源于我们的生活。如今诗与远方的模样由我们来书写和绘画。我总会用这样一句话来质问我自己："总有人想过你想过的生活，可你拿什么过你想过的生活。"后来，我又看到一句话："这个世界上真的有人在过着你想要的生活，而那些人大都曾隐忍过你尚未经历的挫折。"高三很苦，会有数不尽的试卷，会有一次又一次的考试，会有泪，会难过，会遇到瓶颈……然而，毕业的他们说："记忆中最美的晚霞总是出现在高三，陪伴着发着光的奋斗时光。"其实，比晚霞更浪漫的，是有群并肩作战的伙伴；比天空更绚烂的，是此刻不懈努力的我们。抬头是熠熠生辉的诗，笔下是可望见的远方。最后，全力以赴，加油！敬我们的高考，敬我们的诗，敬我们的远方。

点评

人生有愿景，方有前方。做一名记者，正义凛然；定标上海，实现抱负：两者皆不易。但既然选择了诗与远方，又何惧风雨。勇敢的女孩用铿锵的文字道出了坚定的意志和无畏的决心。

（李国兵）

我的诗与远方

钱瑜佳

亲爱的老师、同学们：

下午好！

有人说：诗和远方是对未来的美好畅想，给予在各类征途上前进的人们以精神上的动力。诗和远方可以是远大的理想，也可以是当下的选择，更可以化作点点星光照亮前行的路，指引我们不断前进。对于我来说，“什么是诗与远方”的问题也在我的成长过程中逐渐有了答案。

唐代诗人白居易曾言“令公桃李满天下，何用堂前更种花”，这是对大唐中兴名臣裴度一生不遗余力地举荐晚辈人才的赞扬。“桃李满天下”从此也成为对一名教师职业生涯的最高评价，让我在心中种下了成为一名教师的理想。

从小到大，父母总说：“女孩子以后当个老师就好了，工作既稳定还可以照顾家庭。”我的几位哥哥姐姐，也都走上了教师行业，成为光荣的人民教师。我不清楚他们的职业选择是否受到长辈对教师行业的看法的影响，但我心中很清楚，我选择教师职业绝不是因为父母口中这样的“刻板看法”。

我读韩愈的《师说》。“师者，所以传道受业解惑也”，老师是为学生传授知识、解决疑惑的最大帮助者。人在一生中不可能没有疑惑。这时候，老师站了出来，耐心地为学生答疑解惑，拨开云雾，明悉方向。我读杜甫的《春夜喜雨》。“随风潜入夜，润物细无声。”老师的教诲如春雨，悄无声息地滋润着学生的心灵。我读李商隐的《无题》。“春蚕到死丝方尽，蜡炬成灰泪始干”，感悟到一名教师对职业生涯的奉献。于是，我看到韩愈为李氏子蟠写下《师说》，为遭小人妒忌的李贺写下《讳辩》，为苦于“推敲”之思的贾岛提供意见，为众多学子传授知识；我看到裴度获得“令公桃李满天下，何用堂前更种花”的崇高评价；我看到陶行知先生提倡教育知行合一，开创中国近代教育典范；我看到张桂梅校长燃烧自我的青春，献给大山的女孩们的伟大；我也看到无数的新时代教师将自我献给学生，献给社会主义现代化教育事业。教师的角色在他们眼中，不只是简单地传授知识，更是指引人前进的明灯。

因而，我的教师梦想，便是在孔子、韩愈、裴度等古代先哲，陶行知、蔡元培等近代教育大家，以及以张桂梅校长为代表的新时代教师的启引下明确的。我不愿成为父母口中过安稳日子的教师，我更想真正地去了解、去发现、去实践教师的深刻意义。

在成长过程中，我有过随父母“北漂”的经历。异乡近六年的生活，开阔了我的视野，让我比同龄人多了一分成熟。我有过在农村成长的经历，随外公外婆干过插秧、收花生、打油菜籽等农活。这培养了我不怕吃苦的耐力。在未来的职业生涯里，我可能是一名普通的师范生，然后步入学校，成为一名教师，同时，我也更想去祖国的各处山河探访，去支教，给偏远地区的学生们送去知识，送去希望。或许我的个人力量微不足道，但我坚信“苔花如米小，也学牡丹开”。只要心中有这样的诗和远方，那么一切就交给时间吧。

我的未来城市在哪里，会是什么样，我暂时无法想象，但我会始终坚持我的诗和远方。他人问我会成为什么样的人。我想，成为我心中只想成为的人就足够了。

我不知道未来的路会在何方，但我已经在路上。剩下的199天里，就请继续努力，不负星光，不负自我。谢谢大家！

点评

“桃李不言，下自成蹊。”“师者，所以传道受业解惑也。”教师背负着树人责任。这份责任沉甸甸的。钱同学能不畏艰难，以师为志，必能如她所说，“不负星光，不负自我”。

（李国兵）

十八立志，不负青春

孙浩宇

尊敬的老师、亲爱的同学们：

大家上午好！

高三成人礼与百日冲刺的盛会在体育馆胜利召开，就像朗诵词里所说的那样："我们站在青春的高地，向着时代的光亮。怀着激情，带着希望，向十八岁的青春宣告，我们来了！"十八年，我们从稚嫩孩童长成蓬勃少年，到如今庄重成人。十八岁，我们都有千淘万漉的担当与披荆斩棘的胆量，在这条泪水与汗水交加的路上，我们决不回头。

我们的成人礼别出心裁，意义非凡。人字形长队卧龙般穿梭在校园树荫间，箭指前方的队列与两百天时的"箭在弦上，蓄势待发"的口号遥相呼应，一脉相承。大写的 F 造型是 Final，是 Fast，是 Fly，表示着我们即将飞向远方，疾行不怠。在疫情防控形势下，父母只能云上参与，但正是如此特殊的成人礼才让我们更好地领悟共克时艰、团结一心的意义，去克服不利因素，争取战斗的胜利。我们变得更加成熟，更能理解，更加坚定。

我们的成人礼是与过去的一次深沉的道别，是我们对高考下发的最终挑战书。祁巷村、望海楼、牧城公园、状元村……这些我们曾经丈量过的每一寸土地，终将会托起属于我们的光明。我们化回忆为动力，化厚积为薄发，化纸笔为利剑，化目光为远方。昨日，我们在操场上点燃了"战争"的狼烟，"黑云压城城欲摧"，从今天起我们将朝向未来的曙光，修我甲兵，呈现最佳的姿态，喊出"不破楼兰终不还"的壮美誓言，与子偕行。终不负春光，不负我们在苦涩与懵懂中徜徉过的日日夜夜。

高考对于我们，不只是一场考试，更是对青涩的告别和通往未来的一扇大门。在大门打开前，路上会布满许多深深浅浅的脚印。成人礼对于我们不只是一场仪式，更多的是让我们明白生命的重量与意义，让我们懂得感恩师长、感恩父母，让我们明白作为一个成年人应有的胸襟气度和抱负，让我们明白"修身、齐家、治国、平天下"的担当与道义。那扇门、那条路、那场仪式给予我们人生中一次重要的蜕变。

昔日的汗水即将折射出太阳的光辉，希望的种子已经萌发，青春的巨龙已经腾飞。高一、高二的同学们，希望你们踔厉奋发，用奋斗姿态为我们写下最衷心的祝福，让我们共同努力拼搏，加油奋进，只争朝夕，不负韶华，用汗水播撒人生的希望，用自信铸就明天的辉煌。六月将是我们收获的季节。我们一定能满载归航！

我的演讲到此结束，谢谢大家！

点评

这是“高三百日冲刺”活动后的感言演讲。孙同学因为亲身经历，所以感触真实。发言稿语言亦白亦雅，文采斐然；情感澎湃，激荡人心。这是一篇向高考冲刺的檄文，也是一篇挑战自我、超越自我的雄文。

（李国兵）

诗和远方

石浩禹

大家好，我今天演讲的主题是“诗和远方”。

正如徐霞客所说，“大丈夫当朝游碧海而暮苍梧”，人生正是一场不知终点在何处的游历，途中会经过无数的中间站。每一站，都需要我们花上几年的时间，书写几年的记忆。每一站，都会有别样的风景，有别样的故事。

记得刚刚开始读书识字的时候，奶奶就跟我说：“你要好好上学，将来上姜小，考励才，再上姜中，然后考清华、北大。”四个目标，实际上就是人生中的四个站点。只是，奶奶的愿望很美好，我却辜负了她的期待。第三站我就偏了航，停在了江苏省姜堰第二中学的校园。幸运的是，二中的风景一样美丽，二中的故事一样动听。在这里我与对的人相逢，也很高兴遇见高三（九）班与其余的大家。再奋斗五个月，我们就将换上另一副行囊。记忆即将完结，转眼便将别离。问题是：我的下一站，在哪？

清华、北大的车站太远。我与别人约好的站点，在苏大。

于是，天赐庄的钟声在梦里回响，沁心亭的暗香拂过心扉。在炳麟图书馆中彻夜阅书，在阳澄湖岸卧听烟雨。青梅时节，漫漫长夜，陈年心事，昨日诗笺，缱绻流年。绛唇，青衣，你眉目如韵，恍若初见。养天地正气，法古今完人，是苏大的校训，也是你我的约定。

相对于理想的大学、理想的专业，我倒是一如始终的坚定。

童稚时读三国、闻羽扇纶巾，见刀光剑影，心底早已种下纵横千古、历览八荒的种子。我看着英雄的末路，我望见红颜的凋落，我开始执笔，写下挽歌。

“会使虓狼出子午，长安街头尽蜀声。”魏延一片赤心，胆略兼备，奇谋屡出却因诸葛亮的保守而错失良机，老将铁骨却被别有用心之人指作天生反骨，至身败名裂。一代名将，未曾牺牲在战场上，却倒在了自己人的权力斗争中。

“枭姬遗泪，枭雄知春未？”尚香身为女子，少喜习武，但豆蔻年华的她想必不会料到，自己也会有一天倚楼长望，只待着郎君归来。东途难归，初心难追。枭雄记不起往日的誓言，枭姬却终为他投入这冰冷的江水，香消玉殒。

无数的悲剧让我燃起对历史神秘的兴趣。我暗暗发誓，总有一天，我要用自己的笔，写下春秋岁月，告诉世人历史真相，为世人提供一份历史借鉴。

当然，可能有很多同学觉得，历史等基础学科出路窄，前途有限，是所谓“天坑”。然而，我不这么觉得。

在我的规划里，与历史学科直接相关的出路至少有如下几条：

第一，继续深造，留校研究，著书立说，成一代学者。或像黄仁宇先生一样，提出大历史观，为学术研究留下浓墨重彩的一笔；或像王立群教授一样，授课育人，让专业知识更加通俗易懂，让历史文化惠及大众。

第二，考取公务员，为国家的文化事业做出贡献。

第三，下到基层，成为一名光荣的历史教师，就像缪老师一样。

第四，成为“知识分享官”。这是一个时兴的说法，主要是指在 B 站等自媒体平台上制作泛知识类视频的UP主。在B站公布的2021年度“知识分享官”中，有一位UP主——“小约翰可汗”成功跻身一众专业UP主行列。“小约翰可汗”在视频中以深刻的语言、充实的内容、独特的风格介绍第三世界国家的历史，让观众在获得快乐的同时，思考国家、民族乃至人类的命运。他在视频中经常提及他的家乡——内蒙古通辽，也为通辽带来了一大波关注与流量，为通辽的发展做出了贡献。

综上所述，历史专业并不是所谓的“天坑”，而是一个拥有无限光景的专业。

其实我有认真地把每个同学的梦想都记录下来，不为别的，只为以后能指着电视跟晚辈们吹嘘：你别看他们现在比我风光不少，以前不都跟我勾肩搭背过。

当然，这是玩笑话。每当我看着记录下的同学们的理想，心中总是自然升起一股惊叹之情，不是因为谁的理想有多么壮大，而是因为我知道，每个人都在为各自的理想而努力。正值十七八岁敢闯敢拼的年纪，有这样一群志同道合的伙伴，岂不是人生一大快事？答应我，无论前路如何，都请记得此刻一起谈天说地的快乐。因为我知道，你的记忆早已染上九班的颜色。

谢谢大家！

点评

有别于一般的演讲稿，此文风格亦庄亦谐，体现了演讲者的才情。石同学熟知掌故，信手拈来。这是一篇不可多得的演讲稿。

（李国兵）

小贴士

演讲就是在某一特定的、正式的场合，面对听众把自己对某一问题或事件的看法较为系统、全面地说出来。演讲的内容一定要有自己的观点和想法，要有听众意识，要有说服力。

四、一封家书

楔子

临行前密密缝制的针线，那是对将要奔向远方的你们的牵挂。尺牍虽微，此情绵绵无绝期；平淡若水，寄语区区深意长。

致女儿菲阳的一封信

亲爱的女儿：

展信如晤，可惜我们不能到现场见证对你有意义的仪式和冲刺活动。

今天是一个特殊的日子，是你高考决战倒计时 100 天的日子，也是举行成人仪式的活动日。你的人生将翻开新的篇章。此时此刻，我们有太多的话想对你说。

孩子，自你呱呱坠地，一直就是我们的快乐所系。从幼儿园、小学到初中，你总是那么懂事，用温暖人心的话和行动融化我们疲惫的身心；你也总是那么自信阳光，让我们的生活云开雾散、鸟语花香。那时爸爸妈妈总是在想：你就是从天上飞来的天使，是要带给我们一辈子快乐幸福的。

可是，天有不测风云，那一天，对，那一天——2018 年 11 月 18 日，你 15 岁生日——我们想起就心有余悸。你的身上突然起了红点。妈妈带你去医院检查身体，血小板值只有 13，正常的血小板值是 100 到 300。这个数值已经非常危险了。医生要求你立刻住院。爸爸妈妈连夜开车带你到苏州大学附属儿童医院检查。19 日早上 9 点，你做骨穿刺检查。爸爸陪你去了手术室，妈妈却不敢走到手术室门口。那是我们人生中至暗的几天。看着面色苍白的你，妈妈无能为力，只能在病房的走廊里失声痛哭，痛恨命运的不公，让我的女儿承受这样的痛苦。爸爸妈妈向上天祈祷，只要你能够身体健康，我们愿意拿我们的所有去换。那是多么漫长又难熬的四天。爸爸妈妈都不敢看向彼此，生怕泪崩瘫倒。从天黑到天亮，从天亮到天黑，妈妈不敢哭、不敢笑、不敢说话。

但是懂事的宝贝女儿，你没有哭，也没有喊一声疼。11 月 21 日，我们终于拿到了检查报告，只是紫癜。我们喜极而泣，抱头痛哭。孩子，你能想象那种情形吗？我们很快办理了出院手续。医生嘱咐你要注意休息，不能剧烈运动。可是宝贝啊，你仍然以顽强的意志完成了满分 40 分的体育中考。你是这样的坚强、要强！我们舍不得，但义无反顾地支持你。你是我们的天使！

孩子，你 18 岁了，是成年人了。现在爸爸妈妈与你做一次成人之间心与心的交流和沟通。

一、要健康、快乐。健康是学习和工作的本钱，而快乐是幸福的表现，是成功后的心情体现。你舍不得让一分一秒从你身边无效地溜走，但在刻苦学习的同时，千万不要忘记适当锻炼身体。身体好，才会有助于你更好地学习，提高学习效率，实现你的理想。

二、要全力拼搏。面对高考，你要用最大的努力、最好的状态迎接挑战。现在的你处在关键时期，在这 100 天里，希望你全力以赴，超越自我。还是那句话，爸爸妈妈相信你。

三、要阳光灿烂。高考只是人生的一个台阶。迈上这个台阶，还有更多的台阶在前面等着你，还需要你用你的青春和责任去走好每一步，为自己的理想去拼搏、去奋斗。不管结果如何，你的人生都是阳光灿烂的。最后 100 天，是你与梦想的距离。现在的你也许疲惫不堪、茫然困顿，可在一切尘埃落定前，请再坚持一下。高考当然不是人生唯一的出路，但总有一天，你会怀念那些努力奋斗的日子，也会感谢当年咬牙坚持的自己。

孩子，爸爸妈妈永远爱你，永远是你最坚强的后盾。高考是充满挑战的。放手拼搏吧，孩子！胜利一定属于你。二中加油，九班加油，菲阳加油！

爱你的爸爸妈妈

附：女儿的回信

亲爱的爸爸妈妈：

这应该是女儿第一次如此正式地给你们写一封信。人们都说，母爱如水，父爱如山。在成长路上，我们之间有着无数快乐的回忆。一点一滴的“小确幸”汇聚成大幸福，最简单纯粹，也最令人安心。但随着年龄的增长，我们也出现过意识的分歧，有过吵架，还为此流过泪。但不论怎样，我们最终都会和好，因为爱才是我们之间的底色。

我相信，父母是这个世界上最爱我的人。感谢你们，感谢你们用最好的时光陪伴我长大，用全部的爱给了我无微不至的关怀。岁月是最大的小偷，但我想，它唯一偷不走的，或许只有爱。我为我之前的任性向你们道歉，也向你们说一句：“爸爸妈妈，我爱你们！”

今天距离高考还有100天。高考对我们每位学子的重要性不言而喻。我会把你们的话牢记于心。成功会属于每个有准备的人。我当全力以赴，不负韶华不负卿！

爱你们的女儿菲阳

点评

世上最美的父（母）女情莫过于你懂我、我懂你。“孩子，爸爸妈妈永远爱你，永远是你最坚强的后盾”与“我当全力以赴，不负韶华不负卿”的对答好不让人泪目！

（李国兵）

致女儿珺如的一封信

亲爱的女儿：

第一次捧你在手时那一声清亮的啼哭，仿佛就发生在昨天。转眼你已长大成人，亭亭玉立，前途一片光明。作为过来人，爸爸妈妈可以告诉你，人生是美好的，人生的道路却是弯曲、坎坷、漫长的。在此，爸爸妈妈和你分享凝聚着中华民族祖先智慧的三个字：上、止、正。

第一个字“上”。“天行健，君子以自强不息。”人一定要有向上的勇气，时刻保持一颗上进心。人生百年，弹指而过。少年易老学难成，一寸光阴不可轻。人只有不断超越，才能行稳致远；只有不断历练，才能愈发成熟。想要有所成就，就要发愤图强，精进不休，循序渐进。唯有如此，才能让我们的生命更充实、人生更有价值。

第二个字“止”。物极必反，亘古如斯。正所谓“知足不辱，知止不殆，可以长久”，人一定要有知止的心态和智慧，懂得适可而止，心中有度，行事把握分寸，说话留有余地，处世淡泊从容，严以律己，宽以待人。这不是中庸，不是退缩，而是一种明智的生活态度。

第三个字“正”。“正”者，守正。人一定要心有正气，胸有信念，以正气立于天地之间，事行正道，方可致远。无论是“宁为玉碎，不为瓦全”的慷慨献身，还是“出淤泥而不染，濯清涟而不妖”的持身守洁，正气都能给人以光明。我们无论在什么情况下，都要坚守内心，不违背良知，守住道德底线，不越法律红线。

人间正道是沧桑。新世界的大门已然为你打开，让我们一起拥抱生活，满怀希望和热情，朝气蓬勃地活着，不气馁、不颓废，知进退、能舍得，活得问心无愧，活得坦坦荡荡。

爱你的爸爸妈妈

附：女儿的回信

亲爱的爸爸妈妈：

今天是我们行成人礼的日子。或许严格按照生日来讲，我们一些同学还没有成为法律意义上的成年人，但是在我的心底，我期待，也愿意，以此时此刻为界，成为一名迈入成人世界的新时代青年。

从牙牙学语的幼儿到今天风华正茂的青年，是爸爸妈妈给了我生命，用爱、用心陪伴我长大，教导我成人。父母的爱，是牵着我蹒跚学步时温暖的手，是辅导我功课时耐心的声音，是清晨六点热气腾腾的早饭，是深夜时分等我归家的昏黄夜灯，是给予我的不胜枚举的爱的点点滴滴。这爱贯穿了十八年来的分分秒秒、日日夜夜。还有100天就要高考了。今年9月，我即将离开父母的羽翼，独自求学，独自生活。未来的征程充满了不确定，但是我可以肯定：虽然世界上的千万条道路我无法一一踏遍，可是回家的路纵使走千遍万遍，也永远都不会厌倦。

你们送给了我三个字：上、止、正。从字形上，它们充满了递进的美感；从含义上，我更是感受到了你们对我的殷切期望。作为高三学子，我很难回避“你追我赶”的竞争现状，但竞争不仅仅意味着相互间的对抗，更意味着不断地自我超越、成就彼此。我将以“上”来提醒自己勤勉奋进，不断突破自我；用“止”来提醒自己取舍有度，不纠结于方寸之间的得失，让自己随时可以轻装简行、重新出发；最后，我将以“正”来锚定人生的航标，永远做一个正直的人，在成人世界的单选题、多选题甚至不定项选择题里，坚定心之所向，不惧风雨，不畏骄阳。

我相信，生活永远崭新明亮。心之所向，素履以往。

永远爱你们的女儿

点评

父母与子女间的对答平等轻松。父母的轻声嘱托让女儿如沐春风。18岁的孩子已经成年了，命令式的教诲已经不适用了。父母与子女更应该如同朋友一般交心而谈。显然，这个家庭给很多家庭树立了榜样。

（李国兵）

给女儿的信

亲爱的宝贝：

还记得你是那个24小时缠着我的“磨人精”，转眼间你都成了可以促膝长谈的大姑娘了。因你学习的压力，我们已经好久没有深入聊天了。今天借这个机会，妈妈想和你聊聊未来100天生活的意义。

丫头，对我们普通人而言，读书虽不是唯一的出路，却是最好走的路。“一个人脚下书本的厚度，就是他人生的高度。”读书不是为了那一纸学历，也不是为了取得多大的成就，而其意义在于当你被生活打回原形，陷入泥潭时，它能给予你内在的力量。

1998年的春天，妈妈和你一样，经历着人生的第一个重要节点——高考备战。凌晨5点，我于昏黄的路灯下哈着白气，忘我读书的情景；午夜12点，校长来教室赶我回宿舍睡觉，而我又偷偷跑回教室学习的情景……20 多年后仍能清晰地浮现于我的脑海。那些都是我用勤奋、刻苦、努力雕刻出的人生勋章。妈妈，一个农村的孩子，用读书改变了自己的命运。你是妈妈的孩子，你早已将妈妈的优点继承了大半，相信你也能用行动雕刻出属于你的勋章。

这世上没有天降的好运。好运是读过的书换回的筹码，是付出的努力得到的回报。一个人曾经偷过的懒、享受过的安逸，都会变成今后在风雨中前行的疲惫、泥泞中打滚的心酸。距离高考的最后 100 天，每天都是听课、做题，周而复始，伴随着紧张心烦、焦躁不安。可我们只有咽下读书的一时之苦，方能逃过生活的一世之苦。丫头，你在妈妈的眼里一直是个有韧性的孩子。曾经的挫折，你都是挺直脊背，昂首面对的。这一次于你，又将如何？

丫头，告诉你一个小秘密：其实妈妈心里认为自己在 18 岁的时候并不如你：阅读不如你，写作技能不如你，善良不如你，乐观不如你……唯独一样，勤奋努力不放弃，妈妈不输你！

高考的百里路，你已行 90%，可剩下的 10% 才是关键。你有了长跑的耐力，还得拿出短跑的速度，完成最后的冲刺，才能经受住高考的考验。妈妈相信，你一定能倾尽所有，从容走向考场，笑对每道试题，心无旁骛，为自己的人生一搏！

无论何时，记住：爸爸妈妈永远爱你！

为你感到骄傲的妈妈

点评

父母与孩子的交流最忌讳的是颐指气使、居高临下。这封妈妈写给女儿的信则让人感叹。妈妈骄傲讲述自己在 18 岁时的努力与奋斗，这是一种共情、一种理解、一份嘱托。

（李国兵）

致女儿涵梓的信

亲爱的宝贝：

我第一次做妈妈，第一次做高三考生的妈妈。妈妈不能参加你的高考100天倒计时活动和成人仪式，提笔给你写信，托爸爸带到，聊补遗憾。作为曾经的高三考生，我常常回忆当年此时外公外婆的做法与说法。比如，在每一个不捧着书本的时刻提醒你："什么时候了，抓紧时间喔。""你的智商很高，只要努力，肯定能……"比如，老提别人家的孩子："你看谁谁谁回回考得都比你好……"他们捧捧并举，让我在已不大认得清自我的局面下，还要应对他们的灵魂提问："考不好你就说紧张。你紧张什么，有什么好紧张的？"

如今你也即将参加高考。我常努力换位思考：我若是你，我想听什么、不想听什么。尽管知道这场考试的成败决定因素很多，但作为家长，我希望自己能做到，让孩子从我这儿得到多一点安宁、少一点压力。

所以，我可能提不起劲儿去研究这个计划、那个评价，但我每天晚上吃饭时都会观察一下你的表情，与你闲聊一下班上的趣事，或陪你逛个食品超市，心甘情愿花点碎银两。

按你的说法，也许我总"佛系"地看你的成绩，但作为母亲，我肯定会留意你早晚的食欲。我常说"无论如何身体都是第一位的""尽力，怎么都好""努力了，就不会糟糕"这些话。你要相信，这些都是妈妈发自内心的告白哦。

前不久，一位朋友跟我说，等考好了，家庭聚会给孩子庆功！我说："其实今天，我的宝贝已经成功了！"

是的，亲爱的宝贝，时下正值草木蔓发。妈妈想象着，当你意气风发地喊出青春誓言、阳光蓬勃地走过成人门时，你已经成功地长成一个身心健康的大人了！没有什么比这个成功更重要！而100天后的那场考试，乃是锦上添花，是你作为一个成年人需要面对的第一次考验。且这场考试，该是你人生中最有把握的一场！为此，你已经精心准备了三年；为此，爸爸妈妈陪伴身侧十八年；为此，还有那么多挑灯夜战的小伙伴与你同行……

以前你常苦恼：“为什么有些人不怎么学习，成绩却优异？”经过高三的历练，你一定找到了答案。世上哪有那么多的天赋异禀，优秀的人总是在努力地翻山越岭。你要知道，最终让你脱颖而出的只可能是持之以恒，是努力而专注地做一件事。你的付出，时间会看得见。我们常常慨叹“命运”。命运是什么？先天注定，那是“命”；而你决定怎么面对，那就是“运”！

所以，宝贝，把握好最后的100天，不畏、不惧、不慌、不乱，像个大人一样，成熟、冷静、稳重地迎上去，说声：“嗨，高考！我来了！”

爱你的妈妈

点评

这不仅是给女儿的一封信，也是一份不甘平庸、追求卓越的檄文。我想她的女儿读之必定会掩卷而思，时而蹙眉，时而舒展，但更多的必然是振奋。有妈妈这般的殷切嘱咐，高考、前程何忧？

（李国兵）

小贴士

书信是一种相当自由灵活的表达载体。它可以自如地倾诉（抒情），可以畅谈自己的见解（议论），也可以描摹出一幅图景（描写），还可以娓娓讲述一个故事（叙述）。它完全可以根据自己的需要，随时调用相应的语言形式来为自己的内容服务。但一定要坚持以下原则：目的明确、意见完整，心有对象、用语要当，态度诚恳、感情真挚，格式标准、行文规范。

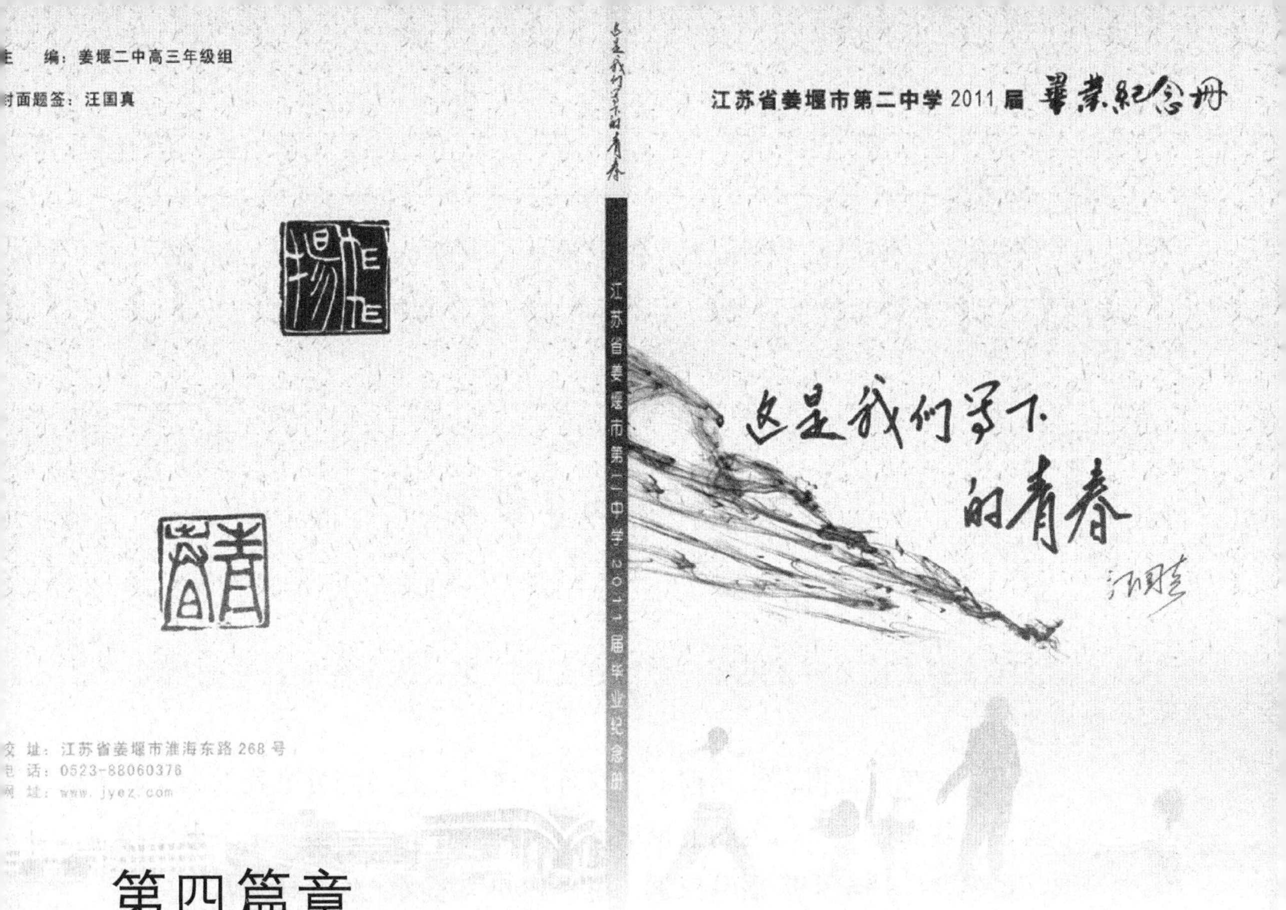

第四篇章

告别鹿鸣，许我们以诗与远方

与鹿鸣河相伴的岁月，既是一段苦读的时光，也是一部青春纪念册，还是一座瞭望塔。

回眸既往，泪湿双颊。梦想紧握在手上。要去往我们心中的地方，就要相信坚持的力量，相信一定有诗和远方。诗是什么？诗就是美好。美好的景色、美好的人物、美好的感情、美好的事业……远方在哪里？远方就是未知的世界。因为未知，所以新奇，所以有趣。远方不仅有阳光，还有风雨；不仅有坦途，还有荆棘……

告别鹿鸣，就是告别一场青春盛宴。相信只要青春不苟且，人生就永远有诗和远方。

楔子

三年朝夕相伴，积蓄了太多的情感。离别终究是人生的必修课。把不舍和祝福化作字符，写在纸上，留在心间。

感谢你，老师！

我和春哥有个约会

马靓颖

三年，多么长又多么短啊！依然还记得，第一次见您时，您的微笑、您的温情。

春哥，您是否记得，当初种下一棵理想树时，我与您分享我的人生规划。我说，我想做一个出色的电视编导，可是现在的我，被一个无名学校录取。虽然我坚持学了广播电视学，可是我的未来又会怎么样呢？我多想找您，像以前的每次一样，请您告诉我哪一门发挥失常，应该如何调整，告诉我您一直相信我会实现我的梦想，告诉我三年的高中生活将是我一生的财富。这是一个怎样的三年啊？

我，包括我所有的同学，都一直记得您的澳大利亚之行。甜腻的巧克力据说有爱情的味道，于我来说却是师生情的延伸。来自大洋彼岸的巧克力，是您去澳大利亚学习归来给全班带回的礼物。掰开一格一格的巧克力递给身边的同学，每个“吃货”的脸上都洋溢着愉悦。这一刻，您不再是老师，而是一个宠爱孩子的长辈。看着孩子们吃着巧克力甜美幸福的表情，您也展开了笑颜。

那一年秋天我们骑车去溱湖。虽然我们都很兴奋，但是一想到来回50公里的路程，我犹豫了，退缩了。您走到我身边，握住我的手，告诉我：“你一定行！”您温热的手心，传递给我无尽的力量。一路上，我真的很累，无数次想过放弃，可是看到前方微胖的您依然在坚持蹬车领骑，我就咬着牙坚持了下去。有春哥在身边真好！本来这样的情愫，我想偷偷地埋在心里，可惜啊，在某一次和同学闲聊时，我才发现，那天的您，居然跟每个同学都握了手。哎！到底不是我一个人的春哥啊！

高三，多么煎熬的高三啊！这一年真的不敢去回想。离梦想越近，恐惧也越强。我不知该如何排解。春哥，您能数清这一年您一共找了我多少次吗？47 次。47 次！每一次我都记得，有时在班门口，有时在楼道口，有时在您的办公室，有时在我的座位上，甚至有时在食堂的饭桌前。每次都刚刚好。每次当有恐惧来袭时，您都会适时出现，给予我正能量。记得那天，刚刚经历了一次不成功的模拟考试，我整个人都慌了。我以为您会主动找我，可是您没有，早上没有，中午没有，下午没有，一直都没有！为了引起您的注意，我在您办公室门口来回走了七八趟。每次，您的办公桌旁不是聚满学生，就是聚满老师。我打听到您是在忙高三年级的百日冲刺活动。在那次百日冲刺活动中，您激情洋溢的演讲，鼓舞了全年级一千多个学生。很多同学激动得哭了。哎！到底不是我一个人的春哥啊！

好失落哦！那晚整个体育馆里，有人激动，有人感动，有人怀念，有人憧憬，唯独我被深深的失落笼罩。不过这样的失落，仅仅维持到晚自习下课。您喊住了我！您的开解让我走出了低迷，让我又重新充满力量，迎接接下来的每一次挑战。是啊！智慧如您，怎会感受不到呢？春哥，我是不是太脆弱了？如果不是您做了我的精神支柱，我又何以考上本科？即便上的不是名校，但我还是会坚持自己的梦想。

犹记得高考前一周的毕业典礼暨鼓舞晚会。真是万万没想到，您作为高三年级主任居然敢在这个时候搞毕业典礼！您居然敢安排我作为高三学生代表讲话！我能给同学们讲什么？您的答案只有两个字：真实！所以，我讲了人生规划，我讲了感恩，我讲了三年脆弱的内心，讲了未来道路的崎岖。真是万万没想到，很多同学都从我的讲话中收获了力量；真是万万没想到，这一次的毕业典礼，这一次的鼓舞晚会，让我们所有学生都树立了必胜的信心。我终于明白，您是所有人的春哥。

点评

“您是所有人的春哥。”一席话，牵起多少情思。哪怕只是太阳的一抹余晖，也足以唤醒沉睡的行人。前路漫漫又如何？再多崎岖又如何？师恩常在，常在我心，我心已悠。

（王曼鹂）

二中三年

许　雅

“提手起笔，起承转合。偏生要鲜花着锦，应这急景流年。”七堇年说的青春往来匆匆，偏又张扬明媚。

的确如此，三年若白驹过隙，忽然而已，然而三年时光又在心间烙下一片灼热，张扬到无法忽视，与心跳同在。

这便是在二中的三年。

从未想过自己会来二中，当初的我像许多坐在所谓强化班的同学一样，略有不甘，然而这种情绪只是一瞬，二中很快便用她的热情温暖了我们，用她的辉煌证明了自己。

早前“久仰”二中学子“苦大仇深”的光辉形象，此次一来便做好了十足的准备。然而事实证明，我只是杞人忧天。二中的乐学文化像是一颗巨大的糖果，为枯燥的课本知识增添甘甜。“乐是乐此学，学是学此乐，不乐不是学，不学不是乐。”《乐学歌》穿越无数课间，将时光与时光的断裂之处填充完整，余者便袅袅而来。鹿鸣烟柳，黄鹂声脆，枝枝叶叶，声声总关情。

春哥曾用黄、紫、红三种颜色分别描绘过高中三年，恰到好处。看似孤立断裂的色彩却有一种递进关系。三年中，我们螺旋式前进，终发生质变。光与影在不断变幻，灼灼欲燃的高三也在一片红色之中落下帷幕。说到春哥，便想起更多可爱可敬的人来。当初让我们又爱又恨的游校、衫爹、小红、龙哥，每一次的年终大会都有你们镇场，每一次活动的成功举行都离不开你们精心的策划。一路走来，一路相伴，一路欢歌，一路收获。也许你们将会被重新分配到不同的年级，但是你们的组合永远在我们的人生舞台上风光无限。三年绝世风光，有汝相引，足矣。

灯光星星，人生遥遥；微云孤月，一纸一墨。多少日寒窗，多少声教诲，待少年完满学成，仗剑主沉浮。电扇吱呀，星星点灯；闷热酷暑，汗如雨下。凡此种种，竟都凝成了记忆中的琥珀，斑驳了无数岁月。

少年人啊，都有自己的弱点。曾经的我为了自己的弱点辗转反侧、头痛不已，甚至因此患得患失，一到数学考试，身体便开始出毛病。但是，我并不是一个人在战斗，友爱的同学、和蔼的老师齐力将我从泥淖中拉回。题海战术、心理辅导，看似令人生畏的途径竟成了良药。

当初那个青涩的少女，此时目光坚定，她将远走。犹记得，半年前的她在一只绿色的、画着笑脸的气球上贴了一张便利贴，上面写着：南京，我来啦！现在，她将前往南京，追寻她的梦想。

三年了，鹿鸣烟柳，早已成为心中圣景，纵使来日十里秦淮柳色如墨，也不胜她半分半毫。因为，我在这里成长。

简媜说：“若我看倦了风景，走累了路。你是否愿意变成酒色的石头，让我把余生靠一靠。”二中的那块超越石，也会是我们永恒的依靠吧。我们见证了七十周年校庆。待我们事业有成，我们定会回来。等我们老了、倦了，我们便到这石头跟前，任时光翩翩、思绪万千，只在成长之地将余生靠一靠。

忆
当年
柳色深
千里相赴
将青春托付
三年光阴如水
军中英姿立成松
身似离弦汗如雨下
秋日溱湖残荷谁听雨
一树新叶一树理想闪耀
青春如歌任情意飘荡
话剧歌舞欢声四起
气球挥别火车站
成人归来轻唱
终至六月初
涅槃过后
等候着

挥手

别

点评

三年很短，微云孤月，一纸一墨；三年很长，一路欢歌，一路收获。二中三年，师恩点点，早已在少年心中烙下了不可磨灭的印记。待明朝，蓦然回首，只愿岁月静好，母校依旧。

（王曼鹂）

你好，二中

王晓瑀

你好，二中。不知不觉，你我已相伴度过了两个春秋。现在，第三个秋已经过了，第三个春也来了。回头看看黑板上的倒计时，我与你竟只剩 175 天的相处时间了。好想将时间延长。4200 小时，252000 分钟，15120000 秒，数字变大了却依旧改变不了什么。175 天后，我将奔赴高考战场，而你依旧在这里。

二中，你的“硬件”虽不是最好的，可“软件”一定是投入了大量精力独家研发的吧，不然怎会如此地吸引人。

你的“软件”里储存了一个又一个人物的资料，有慈祥可爱的小老头儿“华爹”，有头顶各种化学符号的“于爹”，有红鼻子的“孟爸爸”，有总是充满激情的“凤妈”，还有相伴不久的“圣宝宝”，当然，还有许许多多可爱的人儿。可惜老天给我的储存容量不多，我只能存储这么些了。可我怎么会这么轻易地放弃呢。回家把垃圾文件清理干净，我要完整地保存与你在一起的日子。

二中，你会忘了我吗？你看，你每个秋天都会迎来许多崭新的面孔。他们充满着生机与活力，不像我，每天都埋首在讲义堆中。我已经挤不出时间来好好看看正在发生翻天覆地变化的你啦，你还在看着我吗？

二中，你变漂亮啦！新的校舍正在建设。全部建完后，你一定会变得光彩照人，在每个人的心中留下挥之不去的倩影。

二中，你就要变得更美了，我真为你高兴。可是，那些崭新的教学楼里没有你与我的回忆，我们的回忆在那棵松树下，在那株桂花树旁。可是它们现在都去了哪儿呢？我努力地想回忆起你以前的样子。好沮丧，闭上眼睛，出现的只有正在施工的工地。该怎么办？我不想忘记啊。还好，我有照片。照片里有我，还有你，以前的你。

二中，多年以后，你会在你背后的人群中看到我。

点评

少年深情地凝望着母校，试图铭记这里的一草一木。然，时过境迁，终究是高楼平地而起，引人叹道：流光容易把人抛，红了樱桃，绿了芭蕉。

（王曼鹂）

细数不尽小时光

陈佳宇

逆着时光往回看，我曾沐浴着某日午后的阳光进入二中，真切地呼吸着这里的每一寸空气，张开双臂拥抱那个午后的校园。鼻头莫名的酸涩让我意识到彼时的幸运、幸福和满足。为期三年的故事就此拉开帷幕了。

不顾别人的苦苦挽留，只顾自己潇洒前进的，就是时光。它似乎总是不留情面的、冰冷的。然而，这棵高大不可侵犯的“时光树”也会开满温暖细碎的小时光。

高中三年，每个人都会有几个“没心没肺”的同学，他们被唤为“死党”。他们会在你开心时陪你像个疯子般傻笑；他们会在你伤心时一言不发，只是一个劲地递纸巾；他们会在你学习有困难时伸出援手；他们会在你下课去厕所时与你结伴而行；他们会在你吃零食时争抢吵闹……太多回忆，细碎地从指缝中随时光流去，却不曾消失。我们可能因为如今还拥有着，所以觉得他们可有可无，但多年后他们会是我们人生中最纯洁的、毫无杂质的美好。因此，珍惜吧，少年！

校园是一个大型戏剧舞台。并不是每个人都可分配到角色，那些幕后工作者就像“影子”，在暗处很不起眼，却不可或缺。我们身边的保安大叔、保洁阿姨、食堂阿姨，他们便如影子一般，默默的，可少了他们，我们去哪里寻求安全感、舒适感？少了这些可亲可爱的影子，再精彩的戏剧也不得不遗憾落幕。不管你是妆容最美好的主角，还是一捞一大把的群众演员，都得跟他们说声感谢。

当然还有辛勤教育我们的老师，没有他们的点滴汗水，开不出我们这朵朵绚烂的花。他们的付出不可否认，但我觉得歌颂老师的诗篇太多，所以我选择了怀念即将离别的友谊，还有那些一直被忽略的人们，毕竟他们也曾涉足我们三年的生命，留下一段平淡却温暖柔软的记忆。

高考计时牌上的数字一日日变小，离别渐近，空气中弥漫着伤感，但怀抱那最初的信念，我会大步向前。

时光树上细数不尽的小时光，流逝着，却温暖了二中三年。

点评

三年来，点点滴滴，有数不尽的时光，有数不尽的美好。时光似诗，一首清丽婉转的小诗，使少年惊觉：江南烟雨，昙花一现，不及母校待他真情。诗韵渐浓。

（王曼鹂）

我想把你留在心底

曹　阳

二中走过了七十余载，我走过三年。对二中来说，这三年如弹指一挥，然而在我心中，这须臾中，我恍如走过了一个世纪。回首往昔，我好像在看一部电影。回忆与我是那样的贴近，伸手却如何也够不着。我的回忆，我想把你留在心底。

你是我的日记，是我用青春谱写的歌谣。还记得刚进二中大门的那一刻，你便诞生了，你给我画了一张素描，那是我穿着迷彩服，站着军姿的样子。烈日再骄，我脸上依然挂着倔强的笑容。

你带给了我一张照片。照片中，运动员们正在努力奔跑。蓦然发现，在一个角落里，我正在鼓掌。我不是跑道上的英雄，我是在一旁为他们默默鼓掌的人。即使无人注意到我，我也会为他们鼓掌。

你是我最宝贵的财富，是我一生中无法抹去的经历。我的回忆，我想把你留在我心里，想用你来温暖我的心。

或许我该为你作一首诗，或许我该为你写一首词或谱一首曲，可是，我不会，那我就用我的青春来作为你的诗、你的词、你的曲。我以岁月为笔，用梦想、激情和汗水为你写下篇章。我的回忆，我想把你留在心底。

歌声飘扬中，我回到了那段“歌声里的岁月”。歌声婉转，我看见了自己，我和众人一样唱着歌，你在对我微笑，那是紧张时刻的休止符。

你拍拍我的肩膀，我转身，歌声已经消失，只有朗朗的读书声。我想起来了，那是小高考前的时光，那是一段紧张的日子，每个人都在奋斗着，都是为了自己心中的那个“A”。你站在我身边，和我一起默默地看着这一切。

回到现在，你对我笑了笑，走向了我，朝我张开了双臂。睁开眼，已见不到你，却感到有一股暖流，直达心底。

现在我要离开这里，步入新的天地，但我不会离开你——我的回忆。你是我的秘密。我会将你留在我的心底，你是我的日记，是我的歌、我的诗，是我的生命。

忽然发现，如果没有你，生命会如此空洞，好像从未发生过，即便有不死灵药，又有何用？我的回忆，我想把你留在心底。

点评

作者以第二人称抒发对母校真挚的爱，选取校园生活的细节，用诗意的语言描绘出一幅幅生活画卷，以轻松愉快的语气将心中的母校向我们娓娓道来。“我的回忆，我想把你留在心底”多次出现，饱含着离别时的不舍和对母校的眷恋。离别的笙歌被吹奏得动人却不哀婉。

（赵希卉）

成长在二中

薛雅琴

在每个人人生的发轫之初，总有一段时光，令其无法忘却。

我想，那应该就是这美好的高中三年时光。

十七八岁的我们，处在已脱离稚气却尚未完全懂得人情世故的尴尬年纪，有着对童年的眷恋、对社会的憧憬。欲探寻外界光芒的我们在泥泞的小路上摸索，发现原来早已有人在我们刚刚踏上这段征程的时候就默默陪伴在我们身边，成为我们前行途中的指明灯。那是老师，是所有给予过我们力量的人。

因为不安，所以青春；因为茫然，所以青春；因为彷徨，所以青春；因为孤单，所以青春；因为忐忑，所以青春。

我很庆幸，我的青春在二中。

当我不安的时候，我喜欢一个人站在鹿鸣河畔，看着淙淙流水，细长的柳絮会抚平我内心的恐慌；当我茫然的时候，我愿意站在三楼的窗边远眺，对面工地上不停劳作的人们会时刻提醒我，我的追求在何方；当我彷徨的时候，我可以漫步在绵长的跑道上，脚底松软而温馨的跑道会让我的灵魂沉浸；当我孤单的时候，我喜欢站在居里夫人雕像前，看着来来往往、脚步匆匆的同学，他们会告诉我，我并不孤单。

孤独，是每个高三孩子都要经历的必修课。然，在二中，所有的孤独都会被淡淡的温情暖化，因为这里有不辞辛劳、无私奉献的老师，这里有默默坚守岗位的门卫叔叔、食堂阿姨，这里还有一双双求知的眼睛、一颗颗欲燃烧的炽热的心。

七十年风雨，多少年轻的梦想从这里启航；七十年坚守，多少孤独的孩子在这里找寻到温暖的方向；七十年辉煌，多少世事的沧桑从她的眼中掠过。

身在二中，我们是幸福的，是骄傲的，我们可以自豪地对别人说：我们是或我们曾是二中人。

再有半年，十八岁的我们就要从这里分航，在以后的路上，会有不安、茫然、彷徨、孤独、忐忑，但当我们回想起在二中的时光时，我们也许会静静微笑。那些人、那些事、那些地方，也许早已在时光的河流中乘舟而去，但跨越了时光的温暖会一直在心中流淌着，永不消逝。

点评

开头精简而吸引读者，又以“因为……所以……”构成排比，在整齐的句式中道尽青春的不安与彷徨。作者以自己的情绪为切入点，以小见大，表现出母校的所有教职工的坚守对于每个二中学子的重要意义，进一步表达自己对母校的赞美与留恋。

（赵希卉）

二中——我成长的热土

杨　晶

昔时的婴儿转眼间棱角分明，清晰的轮廓、俊秀的面庞……飒爽的英姿在阳光下渐渐拉长。当手掌不再小巧而能够托起一方天地时，当肩膀不再脆弱而能承担重任时，我们都不再年少。

抬头望天，望着那纯白的云朵、那幽静的蓝，那是我们青春的梦想。淡淡桂花香弥散的是我们的欢愉，片片樱花飘落的是我们的愁绪。我们不是诗人，但拥有那份闲情逸致细数枝叶；我们不是革命家，但拥有那份热情去超越、去开拓。日日夜夜，唰唰的笔声如同手中的利刃，在战场上尽洒风采；岁岁年年，朗朗的读书声如同淙淙的流水，滋润心田。二中的节奏是紧张的，是热烈的，是转弦急促的，却也有轻缓舒弹的时候。我们有着对未来的憧憬，有着对人生的勾画。于是理想之树日益葳蕤，星星之火在黑暗中燃起希望。

低头看地，看着那纤细的绿草、那葱葱的翠绿，那是我们青春的梦想。二中的历史沐浴着血汗和泪水，银杏树下是激情碰撞的火花。春天里，我们放飞理想；夏日中，我们手挽手共创辉煌；秋阳下，我们踩着单车，在溱湖历练，感受真知；冬日里，我们放声歌唱，赞美二中的峥嵘岁月和奋斗的辉煌。我们是二中人，所以比同龄人多一分坚毅，多一分自信；我们是二中人，所以比同龄人多一分辛勤，多一分感恩。广袤的天空下，有着一张张绽放的笑脸；明敞的教室中，有着一副副凝思的面容。

时光悄悄溜走。我们在宁静的校园中收获了一份矜持、一份内敛、一份成熟、一份稳重。我们在友谊中萌芽，在老师的关爱下成长，在学习中进步，在校园里丰硕饱满。金色的秋叶暗示着秋季的萧瑟，可同样迎来了滚滚的麦浪。晶莹的麦粒正吐露着芬芳，树下的果实已经成熟，二中这片育人的热土正应验着“桃李不言，下自成蹊”的谚语。作为二中的学子，我们满含着深沉的爱。

艾青曾说：“为什么我的眼里常含泪水？因为我对这土地爱得深沉。”这片土地，就是我的二中，是我们成长的地方。

点评

“我们不是诗人，但拥有那份闲情逸致细数枝叶；我们不是革命家，但拥有那份热情去超越、去开拓。”多么美的语言啊！对母校二中浓若琼浆的挚爱在一词一句中喷涌而出。“多情山鸟不须啼，桃李无言，下自成蹊。”在二中这一片沃土上，纵万里蹀躞，纵万般荒凉，我们以二中为梦，以二中为归，阳光下的理想树依旧挺拔。

（蒋海纳）

二中颂

陈　铭

是谁，带我来到那棵柳树旁
抽芽的嫩枝，让人想起
年轻时，你青涩的面庞
抗战烽烟，救亡图存
爱国情怀伴书声琅琅

是谁，召唤我来到那棵古松旁
斑驳的树纹，见证了你
七十余载雨雪风霜
在奋斗中成长
怀揣着梦想向上
如今的你成熟阳刚
傲立大地，敢与群雄争芳

是谁，让我留恋在这烟雨长廊
陶醉于那迷人的书香
痴狂于那智慧的光芒
吾爱吾师诲人不倦
吾爱吾友奋发图强
二中人，筑二中坚实脊梁
二中人，创二中卓越辉煌
北极之地，吾辈英杰劈波斩浪
万米高空，吾辈子弟展翅翱翔
国土边防，吾辈英豪血气方刚
孜孜以求，勤勤勉勉，不断超越
终换得这无数桃李，满园芬芳

啊，母校啊母校
多想永久地伴您身旁
可我注定要怀揣着青春的激昂
奔向属于成功的远方
不辜负你满怀期待的目光

转眼之间，已过三年时光
离开你，我的母校
我该有多么的忧伤

多少游子此刻正盼望着
盼望着
在这个特殊的日子
再回到你的身旁
感受那重逢时的欣喜若狂

团结拼搏，自立自强
让吾辈携手
共迎未来新曙光

点评

抽芽嫩枝，斑驳树纹，烟雨长廊……作者选取校园中典型的景物，寄托自己对母校的真挚情感。回顾了二中七十余年来的苦难与辉煌，又歌颂了二中学子如今令人瞩目的成就，诚挚地表达了对母校桃李满天下的赞叹。结尾既表达了作者对自己未来的期待，也表达了对二中更加光明的未来的期许。

（蒋海纳）

二中——梦想放飞的地方

王雨露

三年一瞬。三年，多少个朝与夕、日与夜。当初我们怀揣着滚烫的梦想，带着对远方无限的憧憬，踏上了脚下这片深沉的土地，开启了为期三年的征程。

二中的早晨，总是睡眼惺忪的，氤氲着沉积了一夜的雾气。六点三十分的校内，已是人头攒动。有人从北往南走，有人从南往北走，就像是两股河流，源源不断地汇聚到二中这片汪洋中。一代又一代，一年又一年，二中的文化底蕴更为丰富，走出的学子也更加出众。在这条路上，有的人快步走着，有的人奔跑着向前。在月光还朦胧着的天幕下，我看见那些使他们奔跑起来的梦想，在这条路上熠熠闪光。

乏善可陈的高中生活，令人心疲力竭的题海战术，为了升学率而断绝一切活动，这些现象在二中是不存在的。我们骑车穿越千里，到溱湖证明自己；我们全员参与“二中版”的“一站到底”，娱乐身心又巩固课本知识；我们去火车站越野拉练，五彩的气球下是我们怒放的生命。我对二中这片土地，爱得深沉。

经历了白天的奋战，积蓄的力量在夜晚悄然迸发。十一点半，已是深夜，你仍可以看到校园中有人走动，教室里还有那么几盏固执的不肯熄灭的灯光。既然选择了远方，便只顾风雨兼程。

我们坐在整洁明亮的教室里不停地刷题，在纸上谱写出一段段华丽的乐章。周围的一切都还是崭新的，最初的那颗坚定不移的心也未染尘半分。面对接踵而至的考试，我们坦然接受；面对日渐逼近的高考，我们愈战愈强。我们遇挫不气馁、得胜不骄傲，一切都只因为我们是二中的学子，我们有别人没有的超越精神。

时间太瘦而指缝太宽。我们握不住时间的流沙，但我们记得它带给我们的温度。我想，若干年后，我会怀念二中路旁的清风杨柳，我会怀念二中的教师办公室里那到深夜仍不灭的灯光，我会怀念与同学一起奋战的时光，我会怀念食堂里口味一般却滚烫的饭菜……我怀念的，是敢于做梦、勇于追梦的二中学子。

二中，我至亲至爱的母校，我爱你！

点评

三年来的苦与乐、悲与欢被作者用细腻温暖的文字娓娓道来，于不经意间触动人心，于深沉处慰藉心灵。三言两语道不尽作者对二中深深的眷恋，俯仰之间诉不完作者对二中寸草衔结般的感激。教室里，我们执起笔书写着青春；操场上，我们挥洒汗水彰显着青春的风采。谢谢你，二中——我心中的一片热土！

（蒋海纳）

我们一起向未来

孙长春

当春风唤醒校园的朵朵花开
六月激战的号角已破空而来

香甜的空气孕育着青春的律动
绽放的迎春点染着激情的色彩

楼前的香樟树早已郁郁苍苍
屋后的翠竹记录着成长的过往

勇士们，奔向六月的战场吧
亮剑高考，一展锋芒

回首过往初到二中的你们
脸庞洋溢着稚气的模样
目光里满是对高中生活的渴望
从这里出发，未来不可限量

还记得深夜的点点星光，你们为理想而战
考试前夜的复习整理，你们丝毫不让
还有运动场上的震天呐喊，为班级捍卫荣光
还有很多奋斗的故事，如歌一般流淌

教学楼前的银杏树几度枯黄，斑驳的树影惹人遐想
那些无处安放的激情啊，定要挥洒在人生的赛场
努力到无能为力，拼搏到感动自己
正是你们该有的担当

三年来
春寒料峭，你们执着守候
夏雨滂沱，你们步伐坚定
秋风萧瑟，你们斗志昂扬
冬雪飘飞，你们激情似火

数不清，大大小小的考试
量不准，与身等高的纸张
但我信念坚定，眼里有光
今宵灯下的努力，定会换来，六月的题名金榜

也许你们有过失败的痛苦和人生的迷茫
但更多的是越挫越勇的坚强
多了成熟，少了鲁莽
是好儿郎，是栋梁，是希望

校园里那明净的窗
映照了三年的时光
你们就要奔赴高考的战场
像雄鹰振翅在蓝天翱翔

击掌吧与你的同窗
是他们，让青春的旅途不再漫长
是他们，让友谊的小船乘风破浪
朝夕共处的日子，洒下了一路欢笑与阳光

鞠躬吧，给身边的师长
多少谆谆教导，还在耳旁回荡
他们传授的不仅是知识，更是人生的方向
给我们的，是鼓励的目光，是真诚的祝福

道一声感谢吧，给你们的父母
他们关心你的成绩，更关心你的营养与健康
他们不会吟诵催人奋进的诗行
只有灯下陪你时捧上的，那一碗温情的浓汤

亲爱的高三学子，你们不是一个人在战斗
同窗在左，恩师在右，母校在前，家长在后
我们愿做你们湍流中的踏脚石
我们甘为你们雾海中的航标灯

愿你们满怀激情与梦想，朝着天高海阔的方向飞翔
待到你们蟾宫折桂时
我们齐声为你们点赞
衷心为你们鼓掌！

点评

激情洋溢的言语中寄托了孙校长的殷殷期盼，三言两语里是沉甸甸的厚望。或呼告，或对偶，或反复，或排比，那是金黄的六月里最动人的祝福。三尺讲台，三寸舌，三寸笔，三千桃李；十年树木，十载风，十载雨，十万栋梁。老师，感谢一路有你，让我们一起携手向未来！

（蒋海纳）

后记

在浸润语文中行走

孙长春

犹记得大学本科毕业前，我的教育学导师跟我说："基础教育是一处女地，你们未来必大有作为。"这句话让我对即将到来的语文教师生涯有些疑惑，又有些憧憬。

看到讲台下一双双亮晶晶的眼睛，我越发坚定了要干下去并干好这个工作的决心。工作几年后，我逐渐明白了大学老师所说"处女地"的含义，基础教育阶段的教学，尤其是语文教学确实有太多需要挖掘、开垦乃至拓荒的地方。我暗暗下定决心要做点改变，虽然前路艰难，但是只要不舍便有寸进。好在，周围还有一群志同道合的同事在。在有识之士的引导和支持下，我个人高中语文教学的方向逐渐明晰。

我用很短的时间就做到了语文备课组组长。我渐渐把我对语文的思考付诸实践了。于是语文节开设了，朗诵比赛进行了，辩论会如火如荼地开展了，引导学生广泛阅读、勇于表达、群组合作的语文课堂改革也快速实施了。我的语文教学的第一阶段由此有了一个基调。在回望走过的路时，我称之为"一路同行"，因为我自己也是一个成长中的教师，面对同样成长着的学生。我觉得"同行"语文中蕴藏着一种师生间的融洽、一种青春的活力和一种发展。2008 年，在我参加工作的第十个年头，我带的第一届高三文科强化班取得了辉煌的战绩。而除了闪亮的高考成绩之外，令我内心倍感欣慰的是，我给了这届学生完整的高中三年语文活动体验。这是"同行"语文结出的硕果。那一年我们学校的校刊《雪龙文学》和同名文学社获得了全国大奖。

接下来的两个高中三年循环是我的教育教学思想逐渐成熟和日益定型的阶段。因为走上了中层管理岗位，我坚持并践行着学校的"八大文化节"，鲜明地提出以非智力因素撬动智力因素的学生培养理念。植树节、秋游节、感恩节、艺术节、师生节、科技节、心理节、成人节活动，串联起学生三年的高中生活。每一个活动似乎都是德育活动，似乎都与语文学习无关，但又处处与语文相关。2008—2014 年这两届学生读的书、写下的文字、在校园里留下的青春印记都创造了许多学校的纪录。同时，我也积极尝试语文阅读欣赏课这种语文学习模式，让读写共生、读写互促，使语文课堂变成了充满书香的课堂，课堂之外的语文学习变成了丰富多彩的语文活动，学生再也不厌倦语文，再也不为没有写作素材而发愁。2012 年，我的泰州市级课题“‘减负增效’下的高中群组合作学习模式研究”在语文组核心骨干团队的共同努力下顺利结题，也将此阶段我个人的大语文教育思想定模、定型，同时我的语文思想也伴随着学校“本真”理念深入人心，并与之同频共振。

有段时间，似乎全国各地的教育者都在给自己的教学思想命名，比如，生命语文、生活语文、生长语文、理趣语文、尚美语文……我没有一个明确的命名，但是生活化、生长式、读写共生等理念一直贯穿我的语文教学实践中。我一直坚持师生同行，师生同在，教学相长。我想无论是语文课堂还是课堂外的语文生活，都应该是一种“共同体”语文吧。文化共创、管理共谋、教学共长、师生共生，是为学习“共同体”下的语文教育也。

2014 年后，因为工作的原因，我日益关注起校园文化建设及在校园文化观照下语文教学新的思考与实践。“本真、乐学、超越”的校园文化滋生出校园的万千气象，同时也顺应了新一轮课程改革的发展态势。我开始对语文教学有了整体思维。在此前多年的“同行”语文与“共同体”思维的日积月累下，浸润语文顺势而成。

浸润，由“浸”与“润”构成。浸为泡，即环境的熏陶与影响；润为渗透，即春风化雨、润化万物。“浸润”，是在“同行”与“共生”基础上的继续生长，是在良好师生关系中的渐染与融通，强调同生共长，相互成就。二十年的语文实践凝练成一句教育格言：在悠悠书香浸润下，把人生谱写成一首灵动、优雅的诗，并化成雨露去滋润幼芽。

有人说，人是在经受“失去”中逐渐成长的。此话颇有道理，但我又进一步认识到人生在不断“失去”的同时，其实也在不断地“得到”。

我们失去了无忧无虑的童年，但我们拥有了积极向上的青年时代；我们失去了成功的喜悦，但我们收获了挫败的教训。因此，对于人的成长而言，生命的浸润其实始终相伴，有时或许只是换了一种存在的形式而已。

因为学校“本真”理念的观照，我的浸润语文课堂是对“本真课堂”的进一步实践和支撑，它具备“本真课堂”的“立本求真”的价值追求，以“问题链·导学”为主体架构。同时，我的浸润语文课堂还有三大特质：灵动和谐的课堂氛围、同频共振的师生关系、优雅尚美的教学设计。

在浸润语文课堂上，学生是浸润的主体。他们在文化的氛围里体悟，在文本的情感中玩味，在思维的碰撞中提升，在审美的世界里遨游。在浸润语文课堂上，教师是课堂的架构者，是一堂精彩语文课的设计师，针对不同课型、不同文本，教师的设计会灵活多变；教师又是课堂的引领者，引领学生进入一个又一个知性空间，感受“学习力”与“语文美”的交融；教师同时也是课堂的参与者，在与学生的和谐共生、同频共振、教学共长中收获满满。

我的浸润语文一直行走在课堂与生活之间。在语文课堂上，我让学生浸润在文本中、浸润在情感中、浸润在主旨中、浸润在文化中；在日常校园生活中，我通过系列校园文化活动和专项语文实践活动，让学生浸润在正确的世界观、人生观、价值观中。

《鹿鸣河畔的浸润语文》一书从方方面面记录了高中校园生活中的浸润语文。相对曹勇军老师的生活化语文探索，浸润语文更强调学生在教师引领下的自主、自觉、自发，以“个性”引领“个性”，以“人格”熏陶“人格”。将浸润进行到底，是一名语文老师对自己的极高要求。一时一刻做一件事情有时只是兴之所至，但每时每刻都不忘修炼自我、提升自我就体现出一个对语文有着深切情怀和浓厚情感的执念者的不断追求。在泰州学派的发源地，在鹿鸣河畔，接地气、有灵性、充满诗意的浸润语文会持续散发出芬芳的气息。